맛있는 인생 멋있는 인생
행복(幸福) 도우미

정 광 설 저

도서출판 한글

_____ 님께

님의 삶이
하나님 보시기에
"아름답도다! 내가 너를 기뻐하노라!" 하실 수 있는
맛도 있고, 멋도 있는
행복한 삶이시기를 기원합니다!

_____ 드림

머리글

왜 맛있고도 멋있는 인생이어야 하는가?

　남대문이 불에 다 타버렸을 때 이를 다시 세우고 바로 세우기 위해 그 책임을 의뢰받은 명장이 제일 먼저 한 일은 대들보와 기둥으로 쓸 재목을 얻기 위해 강원 산간을 샅샅이 뒤지는 일이었다고 들었던 기억이 난다. 태백산맥 이 구석 저 구석 아니 가본 곳이 없을 정도로 찾아다니다 드디어 천년을 버티고도 남을만한 금강송을 발견했다고 했다.

　일류 가는 숙수는 음식을 만듦에 있어 재료를 탓하지 않고도 최고의 맛을 낼 수 있는 탁월한 능력을 지녔지만 그에게 자신이 드러내고 자신할 수 있는 최고의 음식을 만들 것을 요청하면 무엇보다 먼저 하는 일이 이리저리 수소문하고 찾아나서 최고의 식재료를 구하는 것이라는 말을 들은 기억이 난다. 좋은 재료를 구하기 위해 가장 많은 정성과 시간을 들인다고 하였던가?

　왜 명장이나 대장금이라 일컬어지는 그들이 무엇보다 먼저 정성을 다하여 최고의 자재와 식재료를 구하고 손질하지 않으면 안 된다고 생각하는 것일까? 그것은 최고로 멋스런 집을 짓고, 최고로 맛있는 음식을 창조하고 연출하기 위해서는 최고의 재료를 가지고 최선을 다하고 온갖 정성을 다하여야 그럴 가능성이 높아지기 때문일 것이다. 그래야 맛있고 멋있는 결과를 만들어낼 수 있고, 그랬을 때 장인이 된 보람과 숙수가 된 가치를 마음껏 느끼고, 그럴 수 있는 자신의 삶에 긍지를 갖게 되고 행복을 느끼며 누릴 수 있기 때문일 것이다.

　우리의 삶도 그래야 되는 게 아닐까 생각해 본다. 오늘 이 세상에 존재함이 스스로의 계획에 의해 된 사람은 없을 것이다. 자신의 생각이나 의사나 계획과는 전혀 상관없이 살 기회가 주어진 것이 인생이다. 내 뜻과 관계없이 삶의 기간이 주어지고, 언젠가 나의 의도와 계획과 상관없이 삶의 기회가 박탈됨을 거부할 수 없는 것이 우리 모든 인간이 마주할 수밖에 없는 정해진 운명이다.
　그러나 그럼에도 불구하고 감사한 것은, 그래도 자신에게 주어진 기회와 그 기간의 활용이 가능할 수 있게끔 자유의지가 주어져있다는 사실이다. 인간에게는 짐승과 달리 자신의 삶을 요리하고 원하는 바대로 지어나갈 수 있는 자유의지가 있어서 스스로의 삶의 방향을 결정하고 결단할 수 있으며, 자신의 행동을 책임지고 계획하고 수행할 수 있으며, 맛과 멋을 창출하고 누군가를 만족시키고 행복하게 할 수 있는 맛깔스런 인생을 연출할 수 있다는 사실이다.

　그렇기에 우리는 저마다 맛있고 멋있는 삶을 일구고 연출함에 있어 게으르지 아니하고 최선을 다하지 않으면 안 된다. 그러자면 명장과 대장금이 최고의 자재와 식재료를 구하기 위해 가장 많은 정성과 시간을 투자하듯 우리도 자신의 삶을 최고의 맛과 멋있는 인생으로 연출하기 위해 우선 먼저 최고의 재료를 구해야 할 것이다.
　그런데 다행스럽고도 감사한 것은 굳이 찾아 나서서 태백산맥 다 뒤지고, 세상 시장 다 헤치고 다니지 않아도 되게끔 그 최고의 재료가 그 누구에게나 이미 주어져 있다는 사실이다.
　세상 만물을 창조하시고 천지를 지으신 여호와 하나님께서 이르시기를 "너는 나의 최고의 걸작품이로다!"라고 말씀하시며 "내가 너를 보니 심히 아름답도다!"라고 감탄하신 바니 우리 모두는 이미 최고의 재료임이 분명하게 확증된 바라 해야 할 것이다.

이제 남은 것은 이미 주어진 자신이라는 최고의 재료를 가지고, 축복 중의 축복으로 세상 모든 생명체 중 오직 인간에게만 주어진 자유의지라는 전가의 보도를 잘 활용하여, 하나님 보시기에 아름다운 모습으로, 하나님을 기쁘시게 하고, 세상을 아름답게 바꿀 수 있는 선한 영향력을 발휘하는 존재로, 그리고 이웃을 행복하게 할 수 있는 참 사랑을 나누는 축복의 통로, 복의 근원일 수 있도록 멋있고 맛있는 삶을 연출하는 일만 남은 것이다.

최선을 다 하여야 하리라! 온갖 정성을 다하여 성실하고 신실하게 자신의 삶을 멋스럽고 맛깔스런 모습으로 가꾸어 나가야 하리라! 자신의 삶을 이렇게 가꾸고 일구어갈 책임이 자기 자신에게 있음을 자각하고 진지하게 임하여야 한다. 나의 아름다운 삶의 모습이, 맛있고 멋있는 나의 삶의 싱그러운 향기가, 죽어 있고, 죽어 가는 뭇 영혼들에게 생기를 불어 넣는 힘이 되어 생명이 회복되는 그 길에 선한 영향력을 끼칠 수 있도록 우리의 삶을 일구어갈 책임이 바로 자신에게 있다는 점을 항시 기억하는 삶이어야 한다.

그럼 어찌해야 그럴 수 있을까? 깊이 생각하고 바르게 헤아리고 분별하여 나와 내가 맺고 살아가는 그 모든 관계와 상황 속에 내재되어 있는 하나님의 선한 뜻을 발견하고 깨달아 행할 수 있다면 가능할 것이다.

그런 의미에서, 그럴 수 있기를 간절히 바라는 마음으로, 작고 얕은 생각이지만 이웃과 나누고자 이 글을 쓰고 책으로 엮고자 한다.

지혜와 명철은 하나님을 경외하는 마음에 있음이니, 아무쪼록 씌어진 이런 저런 생각들이 이 글을 읽는 이들의 마음 문을 두드릴 수 있어서 자신의 몸과 마음이 하나님께서 특별히 창조하신 걸작품임을 깨닫는 데 도움이 되기를 소망한다.

이 글을 읽는 모든 이들에게 하나님 앞에 서 있는 경외의 마음으로 자신의 삶에 임하도록 각자의 지혜와 명철을 일깨우는 데에 다소나마 도움이 되기를 바라는 마음이다.

"하나님 보시기에 좋았더라!"라는 말씀이 우리 모두의 삶에 해당될 수 있기를 기도한다.

맛있고도 멋있는 인생을 펼쳐 가는 모두가 되기를 기도하는 마음으로 생각을 펼쳐 보이고자 한다.

차 례

성격 분류(性格分類) ‖ 13
친밀하길 원하며 노력하는 자와 익숙함을 누리는 맛에 젖어 사는 자 ‖ 20
앗! 백년해로 58년밖에 안 남았네! ‖ 27
재혼 주례사 ‖ 33
부고(訃告) ‖ 38
쉬운 일, 어려운 일 ‖ 40
기준(基準) ‖ 47
문제와 갈등을 지혜롭게 대처하라 ‖ 54
올무 ‖ 58
짐승은 짐승이어서 불행해하지 않는다 ‖ 66
나는 누구인가? 집중의 사람인가 집착(執着)의 사람인가? ‖ 72
습관(習慣)이 중요한 이유 ‖ 75
어린아이에게라도 배운다와 어린아이도 어른을 가르칠 수 있다는 다르다 ‖ 77
실존(實存) ‖ 82
함께함이란? ‖ 84
소망(所望)을 산다 ‖ 85
여성(女性) ‖ 86
오늘을 살련다 ‖ 89
요리(料理) ‖ 91
분수(分數) ‖ 94

97 ‖ 꿈이 사라지면 또 다른 꿈을 꾸라
98 ‖ 동물의 왕국엔 요리사가 없다
103 ‖ 역할 분담
105 ‖ 변화는 마음에서 시작된다
107 ‖ 불행
110 ‖ 아무나 할 수 있는 일, 아무나 할 수 없는 일
111 ‖ 회복인가 회귀인가? 내가 쓰고 있는 말의 실체는 무엇인가?
115 ‖ 왜 나만 나무라세요?
117 ‖ 행복은?
118 ‖ 나이 값
120 ‖ 능력 있으면 결혼하지 마!
120 ‖ 결혼하면 여자가 손해야!
123 ‖ 사랑 노름, 반쪽 사랑, 온쪽 사랑
125 ‖ 나한테 잘해 준 거 맞아?
126 ‖ 아름다운 것은?
127 ‖ 지푸라기 따위나 잡는 짓?
133 ‖ 믿었더니만
134 ‖ 노력은?
136 ‖ 관심의 두 얼굴
141 ‖ 그러게 말입니다

막내의 환갑 ‖ 144
노력하면 된다는 거짓이다 ‖ 146
우울은 저주가 아니라 특권이고 축복이다 ‖ 148
정신적 외도 ‖ 156
행복은 선택이다 ‖ 163
살고 있는 자, 죽고 있는 자 ‖ 165
그냥 존재 당하고 있는 자 ‖ 165
마음의 벽(壁)의 위력! ‖ 171
마음이 바뀌면 삶이 바뀐다 ‖ 174
돋는 해와 같은 인생 ‖ 178
산 자(者)의 몫 ‖ 179
손해를 고집하는 장사꾼 ‖ 182
제기랄! 이젠 그만 용서해줄 만도 하잖아? ‖ 186
소망! 있는 것인가? 갖는 것인가? ‖ 191
오늘, 그리고 오늘 이후 ‖ 194
아름답고 행복한 부부는? ‖ 196
등룡문(登龍門) ‖ 198
몸은 소모품이다 ‖ 200
행운과 실력 ‖ 201
참 행복은? ‖ 202
좌표(座標) ‖ 204

206 ‖ 기쁨
210 ‖ 대답(對答)
213 ‖ 생일빔
217 ‖ 왜 무병장수(無病長壽)여야 하는가?
221 ‖ 어느 비위(脾胃) 맞추기 선수의 고백
222 ‖ 무슨 뾰족한 수 없을까요?
225 ‖ 받는 사랑, 하는 사랑
230 ‖ 행복한 부부가 되는 비결
231 ‖ 그런 날 보고 웃는 자는 누구일까?
232 ‖ 싫은 걸 싫어해도 되는 관계는 '남(他人)'도 아니다
235 ‖ 담금질
236 ‖ 아이의 요구는 배려의 대상이지 추구할 중심 가치는 아니다
240 ‖ 어느 판결문(判決文)
241 ‖ 아내는, 남편은?
243 ‖ 길(道)
246 ‖ 후기 / '행복 요청이'가 아니라 '행복 도우미'로 살리라

성격 분류(性格分類)

문득 '인간의 성격에 어떤 종류가 있다고 보아야 할까?'라는 생각이 떠오른다. 하는 일이 하는 일이라 심리적 어려움을 호소하는 사람들을 대하다 보니 '별 사람도 다 있구나!'라는 생각이 문득 문득 들기 때문이다.

내 딴에는 지극정성을 다하여 그들의 꼬인 문제를 푸는데 도움이 되는 방식이고 묘책이라 생각되어 열심히 조언하고 권면하고 때로는 공갈 협박 비슷하게 겁주어가면서까지 애걸복걸하듯 이야기해도 "생각해 볼게요.", "그런 것도 있나요?", "그게 말이 되요?", "그건 선생님이나 그러세요."라는 식으로 반응하는 경우가 있다.

제일 흔한 마땅치 않은 반응은 "왜 나만 가지고 뭐라세요?"라는 자신은 절대적으로 변화할 수 없고 자신이 쓰던 대인관계의 자세와 방식은 절대로 죽어도 못 고치겠다고 화까지 내며 주장하는 경우다. 그런 환자와 대화를 하다 보면 마치 머리를 나무젓가락으로 쿡쿡 찌르며 약 올리면 이리저리 고개를 돌리고 숨고 피하다가 결국에는 젓가락을 악물고 목을 길게 잡아 빼도 절대로 놓지 않고 버티다가 종내에는 목이 잘려도 그 문 것을 놓지 않는 자라처럼, 자신의 왜곡된 성격과 그 성격에 바탕을 둔 세상과의 적응양식 특히 부부간의 대응자세를 고집하는 것을 경험하기 때문이다.

이런 저런 성격분류의 학설들이 있다. 혈액형에 따른 성격특성은 어려서 초등학교 다닐 때 교과서에 실린 내용을 시험문제 단골메뉴라서 열심히 외우던 기억이 나기도 하고, 심리학에서는 전통적으로 인간의 내성적 외향적 경향과, 지적이기도 정적이기도 한 성향의 특성을 조합하여 '내성적이고 지적인 성격' 또는 '내성적이며 정적인 성격' 식의 여덟 가지 유형으로 나누고, 성격의 성숙은 자신의 특성이 어느 것 한 가지 유형만으로 두드러진 상태에 머무르지 않고 그 네 성향의 중심으로 모아져 내성적이면서도 외향적이고 정적이면서도 지적인 모든 경향과 성향이 골고루 발휘되는, 우리가 공부할 때 우스갯소리로 말했듯이 술에 술 탄 듯 물에 물 탄 듯한 여러 가지 특성이 두루 두루 섞여 있어 어떤 한 가지 뚜렷한 면이 드러나지 않는 두루뭉술하고 성격 특징을 규정짓기 모호한 성격이 되는 것이라 하기도 하고, 요즈음은 열여섯 가지로 구분 한 것이 있어 어느 환자는 자기는 무슨 무슨 성격이라 이러는 것이 당연하다면서 본래 이런 성격의 자신을 남편이 자기 성격대로 다루기 때문에 자신은 불행할 수밖에 없지 않겠냐고 설명하여 나의 숨을 막히게 한 적도 있었다.

성격을 분류하여 우리가 그것을 잘 알아야 하는 이유가 무엇일까? 지금의 모든 성격분류는 학자들이 문제 있는 사람들에 대하여 연구하고 논문 쓸 때, 언어와 문제에 대한 개념을 달리하는 여러 나라 학자들 사이에 문제인식과 분석에 대한 호환성이 있어서 누구나 동의할 수 있는 범위를 정하여 학자들 간의 학문적 의견의 소통을 원활히 하기 위한 목적 외에 일반인에게 그런 성격분류가 어떤 영향과 도움을 줄 수 있을 것인가를 생각하게 된다.

내가 환자에게서 경험했던 것처럼 자신의 성격적 문제를 옹호하고 설명하고 주장하는 도구로 쓰이는 것이 과연 자신의 성격유형에 대한 앎이 주는 소득이라 말할 수 있을 것인가?

감히 단언컨대 이 세상에는 칠십억 이상의 성격이 있음에 틀림없다. 이 세상에 비슷하게 생긴 성격은 있을지 몰라도 같은 성격은 없다. 똑같은 것 같은, 각 과목 점수는 달라도 총점은 신통하리만큼 똑같이 나온다는 일란성 쌍둥이도 성격은 다른 구석이 있는 법이다.
　또 하나 짚고 넘어가야 할 것은 성격에 대하여 아는 것이 나와 무슨 상관이 있냐는 것이다. 학자의 입장에서는 성격연구의 결과가 그 학자의 업적이고 프로필의 칸을 메워줄 수 있는 재료라도 될 수 있지만 "나는 내성적이고 감정적인 성격이래."라든지, "나는 오형이라 고집이 세대."라는 지식의 습득이 나와 무슨 상관인가의 의미이다.
　그런 지식을 앎으로 나에게 어떤 변화가 일어나는 것일까. 오히려 알면 병이라고 부부 싸움할 때 자신의 왜곡된 성격으로 인한 행동과 대응양식을 그럴듯하게 설명하고 포장하여 상대의 성격에 대한 상식이 부족한 것을 공략하는 무기로 쓴다면 모를까, 자신의 삶에 어떤 변화를 일으키지도 못하고 경우에 따라서는 자신의 불행을 설명하고 더욱 굳히는 데 쓰일 수 있는 지식이라면 '그딴 것을 알 필요가 과연 있을까?'라는 생각도 든다.

　로고스(Logos)로만 그치는 것은 별 의미가 없다. 레마(Rhema)여야 한다. 나의 마음을 때리고 영혼 깊숙이 강력한 펀치를 날려서 잘못 형성된 나의 자아의 굳은 담을 허물어 무너뜨리고 바른 자아가 자랄 수 있도록 세상을 바로 보고 상대를 제대로 보고 스스로를 잘 일구어 나아가서 합력하여 선을 일구는데 앞장 설 수 있는 성격의 사람으로 그 앎이 변화를 가져올 수 있어야 그것을 비로소 배울만한 것이라 할 수 있을 것이다.
　앎에서 그치고 내 안에 변화를 불러일으키지 않는 지식은 책장에 가지런히 꽂혀 있는 책 속에 씌어 있는 말이나 마찬가지이고 냉장고 속에 우겨 집어넣어 놓은 그래서 구석에서는 썩고 있어도 알지 못하고 냉장고 열 때마다 그 그득하게 켜켜 쌓여있는 것을 보고 흐뭇함을 느끼게 하는 음식물처럼 나하고는 아무 상관없는 것이다.
 엄청난 장서를 물려받은 무식쟁이는 그 귀한 고서를 불쏘시개나 엿 바꿔 먹는데 쓰고 냉장고에 음식을 잔뜩 쟁여놓은 채 굶어 죽기도 하는 것이다.

 그렇다면 앎으로 인해 내 마음 속에 큰 울림이 있을 수 있는 성격분류는 무엇일까?

 인간의 성격은 대별하면 두 가지로 나눌 수 있다.
 하나는 인간적인 성품, 다시 말하면 싸가지 있는 성격이고 또 하나는 비인간적인 것 즉, 싸가지 없는 성격이다.

 인간적이라 함은 인간이 가지고 있는 두 가지 속성 즉, 동물과 구별되는 존재로서의 인간의 속성과 포유동물의 여러 종류 중에서 인간이라는 종(種)으로서의 속성 중에서, 생존이 최고의 가치이고 생존이 곧 존재 목적과도 같은 동물과는 달리, 생존상태를 발판으로 삼아 딛고 서서 인간이라는 자연세계와 구별된 생존형태 즉, 인간으로서의 삶을 일구고 누리며 사는 '사람다움'을 의미한다.

 비인간적이라는 의미는 말 그대로 인간의 포유동물적 속성의 입장에 스스로 속하여 생존만이 지상목표이고 가치인 동물들과 같은 수준을 고집하며 누가 자신을 자연의 일부가 아니랄까봐 기를 쓰고 인간도 자연의 한 부분이고 부품(?)이라고 주장하는 부류를 뜻한다. 이 비인간적인 속성에 안주하는 사람들은 자연계에서는 지극히 자연스러운 일이고 현상일지 몰라도 인간적인 관점에선 지극히 악하고 잔인하고 불의하고 얌체 없는 행위도 거침없이 행하는 사람들이다. 체면도 없고 의식도 없고 철학과 윤리관도 없는 생각과 행동을 자연스럽다는 논리로 정당화하고 누군가와 사랑을 나눈다는 것을 신체적 말초적 성적 접촉과 교접이 다인 줄로만 인식하고 있는 경우가 흔하다. 모든 관심의 초점이 자신의 욕망과 충동의 충족과 만족에만 맞춰져 있는, 따라서 모든 동물과 자연계에 속해있는 생명체들과 마찬가지로 일방적으로 자기중심적일 수밖에 없는 사람들이다.

　이에 반해 인간적인 성품과 사고를 가졌다 함은 인격의 성숙이 자신의 삶을 인간다운 성공적인 삶으로 일구어감에 있어서 절대적으로 중요한 요소임을 인식하고 인정하는 성품의 소유자라는 것을 의미한다. 인격의 성숙이 생물학적 관점에서의 성장, 성숙과는 그 근본적 차원이 다름을 헤아리고 분별하여, 자신의 삶을 생존의 차원을 넘어서 인간적인 가치를 추구하고 윤리적 철학적으로 보다 더 성숙하고 깊이 있게 하기 위해 노력하는 것임을 받아들이는 사람이다. 참된 자기를 찾고 이루고 실현시켜 홍익인간(弘益人間)으로서의 삶이기를 원하는, 단지 생존에 급급하며 흘러가는 세월에 몸과 마음이 떠내려가는 수동적인 생(生)이 아니라, 능동적으로 생존을 딛고 서서 자신의 삶을 개척하는, 자신의 운명을 마땅히 가야 할 방향으로 이끌어 가는 사람을 의미한다.
　이를 달리 표현한다면 조건과 상황과 환경에 의해 지배받고 그 생(生)의 결과가 좌지우지되는, 운명에 의해 자연법에 의해 지배되고 결과가 정해지는 자연생태계의 동물의 수준이 아니라, 조건과 상황과 환경에 비록 영향은 받을지라도 지배당하지 아니하고 오히려 자연을 지배하고 개척하고 변화시키고 극복하고 초월하며 능동적으로 자신의 삶과 운명을 개척하여 일구고 운용할 수 있는 존재를 말하는 것이다.

 인간의 질병을 치료한다는 것은 그 질병이 신체적인 것이든 심리적인 것인가를 막론하고 특히 인간의 관계를 고려하고 개선시키고 회복하여 서로 신뢰하고 사랑하며 존중하는 가운데 치료하고 치료받는 상황을 연출하는 것이어야 한다.
 이럴 수 있다는 것은 거의 최고 수준이라 할 만한 인간적인 수준의 생각과 행위의 복합적 결과를 의미하는 것이라 생각할 수 있다. 따라서 인간이 인간을 치료하는 치료행위는 개가 새끼의 상처를 핥아주는 것과는 근본적으로 다르고 달라야 한다.
 이런 관점에서 볼 때 치료자가 가장 먼저 관심을 집중하고 노력하여 분명히 해야 할 것은 자기가 어느 쪽 속성의 인간이고 인간이고자 하느냐의 문제일 것이다.
 참되고 바른 인간으로서 관심과 사랑과 배려를 이웃과 나누고 상부상조하며 생존을 넘어서서 가치와 보람을 일구고 나누는 홍익의 인간이 되길 원하고 있는 사람인지를 스스로 돌아볼 수 있어야 한다.
 등 따습고 배부르고 맘 내킬 때 섹스 나눌 파트너가 있거나 아니면 그런 파트너를 살 돈이 있으면 무엇을 더 바랄 게 있겠냐고 주장하는, 스스로 하는 생각이나 행위가 무엇을 의미하는 것인지 자기가 지금 무슨 짓을 하고 있는지도 모르는 짐승과도 같이, 단지 생명을 유지하기 위한 먹이를 구하기 위해 필요한 것을 구하는 행위로서의 치료행위는 진정한 의미에서 가치 있고 인간으로서의 가치와 보람과 자긍심을 높여줄 수 있는 치료행위라 말할 수 없는 것이다.

결론적으로 말하자면 인간은 두 종류가 있다.
하나는 개 같은, 개 같아도 아무렇지 않은, 자기가 개 같은 레벨의 인간이란 종류의 포유동물 정도에 머물러 있는 줄도 모르고 이런 동물적인 속성이 마치 인간 본연의 모습인 듯이 착각 내지는 망상적 신념을 갖고, 개처럼 살려고 발버둥치는, 본능에 의해 지배 받고 지배 받길 원하고 지배 받을 것을 주장하는 부류가 있다.

다른 하나는 인간의 동물적인 속성과 본능에 의해 영향 받을 수밖에 없음을 부인하고 거부하지 않으면서, 동물의 수준과는 구별된 인간으로서의 가치와 보람과 삶의 의미를 깨닫고, 짐승의 굴레를 벗고 깨달아 존귀한 자가 되기 위해 자연을 활용하고 변화시키고 극복하고 초월하기 원하는 삶을 추구하는 부류라고 할 수 있다.

나는 어디에 속해 있나?
이것이 우리 앞에 놓여있는 반드시 풀지 않으면 안 될 명제(命題)이고 숙제(宿題)이다.

친밀하길 원하며 노력하는 자와 익숙함을 누리는 맛에 젖어 사는 자

인간의 삶에 있어서 그 삶의 질과 만족도에 대인관계가 차지하는 비중은 한두 마디로 표현하기는 쉽지 않은 일일 것이다. 그러나 원만하고 친밀한 대인관계가 우리의 삶에 중요하고 결정적인 역할을 한다는 점에 있어서는 누구도 그 중요성을 부인할 수 없을 것이다.

이렇게 우리의 삶에 절대적 영향을 미치는 인간관계를 원만하고 아름답게 가꾸고 일구어 가는 데에는 여러 가지 대인관계의 기술과 방법이 있다. 그러나 그 어떤 방법보다 중요한 것은 그 인간관계를 아름답고 가치 있는 관계로 발전시키고자 하는 노력과 이 노력을 뒷받침 하는 마음의 자세 즉, 마음가짐이라 말할 수 있다.

이 마음가짐을 여러 가지 각도에서 고찰해 볼 수 있겠지만 그 중에서 익숙함과 친밀함이란 각도에서 생각해 볼까 한다.

인간관계를 그 익숙함에만 젖어 자신에게 필요하고 유익한 것에 대한 기대만을 갖고 대하고 있는 사람이 있을 수 있다. 이런 이들은 대인관계에서 마땅히 행해야 할 자신의 몫에 대하여서는 태만하다. 그럼으로 말미암아 관계훼손을 초래하고 불편 불행을 자초하면서도, 정작 본인은 왜 그런 결과가 도래했는지, 자신의 관계유지 노력에 대한 태만함이 어떤 결과를 불러왔는지에 대하여는 무관심하고 무지하기까지 한 모습을 보인다.

그러나 또 다른 한편에서는 인간관계에 있어서 익숙함에 머무는 것이 아니라 친밀함이 시간과 세월이 갈수록 더해져야 한다는 사실의 중요성을 깨닫고 더욱 노력하는 사람이 있다. 친밀해지기 위해 애쓰는 자가 느끼고 얻을 수 있는 기쁨과 보람 행복감을 생각하며 대인관계에 성실하고 진실되게 임하는 사람이 있다. 상대의 익숙함만을 누리는 일방적 자세로 인하여 갈등하고 답답함을 느끼고 울화가 치밀고 때로는 관계개선 내지는 관계유지를 '체념하고 포기해 버릴까?' 하는 유혹을 받기도 하며 '혼자만 열심히 하면 뭐하나?'하는 소외감, 손해 보는 듯한 느낌을 경험하다가도, 합력하여 선을 이루는 자의 보람과 기쁨을 생각하며 자기 파괴적인 반응의 유혹을 물리치고 극복하며 가치 있는 길로 매진하는 사람들도 있다.

협조, 상부상조, 상생과 화합, 두레 같은 낱말들이 떠오른다. 웬 뜬금없는 거룩한 낱말 모으기냐 하면, 출근길에 갑자기 "합력(合力)하여 선(善)을 이루어라!"라는 명령이 떠올라서다.

합력하여 선을 이뤄 무엇을 어찌하라는 말씀인가?

이런 지극히 당연하고 누구나 그 당위성과 효과에 대하여 이의를 달리 없는, 비록 나이 어린 아이일지라도 속이 좀 깊은 아이라면 의례히 생각할 만하고 알아들을 만한 말을 굳이 성경 말씀 가운데 명하심으로 엄중하게 무게를 두시고 간절히 원하고 계시는 느낌이 들기까지 할 정도로 강조하신 연유가 어디에 있을까?

거기에는 두 가지 중요한 의미가 있을 것 같다는 생각이 든다.

먼저 "너 자신의 노력이어야 한다!"와, "상대를 배려하며 함께 행하는 것이어야 한다!"라는 의미이다.

인간관계에 있어서의 성공 비결을, 효과적으로 행복한 인간관계를 일구어 갈 수 있는 비결(秘訣)을 확실히 해주시고 있는 것이다. 그 결과 아름답고 행복하고 보람되고 가치 있는, 더불어 사는 기쁨을 맛보며 사는 자가 되라는 축복과, 주 안에서 그런 삶을 이루고 사는 것이 곧 선임을 깨우쳐 주시는 의미도 있을 것 같다.
참으로 고맙고도 감사한 축복의 말씀이 아닐 수 없고 인간을 향한 하나님의 근원적 의도하심과 바람이 담겨 있는 말씀인 것이다.

그러니 이제 말씀에 순종하여 내가 하고 너도 하면 되는 것이다. 그러나 자칫 주의를 게을리 하다 보면 "나는 어제도 오늘도 말씀대로 살려 했고 앞으로도 그럴 생각이니 너도 그렇게 계속하면 되리라. 그런데 나야 오늘 사정이 있어 조금 달라졌다지만 너는 왜 내가 익숙하고 그럴 것이라고 예상했던 반응을 보이지 않냐? 내 기대와 익숙함을 무시하는 이유가 뭐냐?"라고 대놓고 주장하는 것까지는 아닐지 모르나 자신도 느끼지 못하는 사이에 초심을 잃고 몇 번의 반복과 노력으로 익숙해진 편안한 상황을, 관계의 편함을, 관계로 인한 유익함을 누리기만 하는 습관(習慣)이 들 수 있다.

합력하여 선을 이루기 위해서는 말이 통해야 하고, 생각이 통해야 하고, 마음이 통해야 하고, 감정이 통해야 하고, 가치와 윤리와 철학이 통해서, 영(靈)이 서로 소통하고 교류하며 하나로 묶이는 지경에 이르도록 날로날로 새로워지고 성숙하며, 자라서 그리스도의 장성한 분량에 이르기까지 쉼 없이 합력하여 선을 이루는 노력이 있어야 한다.

　본래 거룩하지도 경건하지도 아니한 존재이고, 분별의 지혜도 모자라 부족하기 짝이 없는 인간이란 존재가, 이처럼 귀한 일을 함께 도모할 수 있기 위해선 그 어떤 요소보다 인간적으로 친밀한 관계가 바탕이 되어야 한다. 콩 반쪽도 기꺼이 선뜻 나눌 수 있을 정도로 내 몸처럼 상대를 아끼고 대접하고 사랑하는 마음이 전제될 때 비로소 가능해진다.

　그런데 익숙함은 몇 번의 시행착오를 겪으며 일시적 노력과 관심과 배려로 말 그대로 익숙해질 수 있다. 마치 운전 기술에 익숙해지고 미끄럼틀 타기에 익숙해지기 위해서는 어느 정도 노력하기만 하면 누구나 가능하듯이. 그러나 안전운행은 죽어서 더 이상 운전을 할 수 없는 상황이 오기 전까진 정신을 바짝 차리고 집중하고 조심하며 자발적으로 내가 노력하고 상대를 배려하고 상대의 협조를 일으키는 끝없는 노력이 필요한 것이다.
　마치 미끄럼틀에서 멋진 폼 잡으며 미끄러지는 요령 배우는 덴 얼마 안 걸려도 그 미끄러운 길을 되짚어 올라갈 때는 잠시도 긴장과 집중을 놓치면 안 되는 것과 같다 할 수 있다.

　진료를 하다 보면 연애(戀愛)는 운전연습 기간이고, 결혼(結婚)은 면허 발급 받는 이벤트이고, 결혼생활은 안전운행은 아랑곳없이 '이 똥차 왜 내 맘대로 안 나가는 거야?'라고 불평하며 조건과 상황과 환경을 탓하며 오십 년 빨리 가는 줄 모르고 오 분 먼저 갈려고 서두르듯, 합력하여 선을 이루어야 하는 것이 인간관계의 기본자세인 것을 망각한 채 연애시절의 달콤함에만 익숙해 있고 상대를 대함에 있어서 자신이 익숙한 방식만 고집하는 사람들이 있다. 원하는 결과가 있을 수 있도록 상대를 감동시키고 변화시키는 노력은 없이 자신을 만족시키는 결과를 당연히 기대하며 "우리가 사귄 지가 얼마나 오랬고, 함께 산 지 몇 십 년이 흘렀는데도 아직도 이렇게 나를 몰라주고 내 요구에 부합하지 못하니 이런 작자와 어떻게 더 살라는 말이야!"라고 원망하면서, 아주 친밀한 인간관계일 때나 느낄 수 있는 보람과 행복감이 없다고 불평불만을 토로하고 상대를 조건을 상황을 원망하며, 더욱 친밀해지고자 하는 노력은 전혀 생각조차 안 하면서 그 어려운 친밀한 인간관계를 너무도 당연히 기대하는 우매함을 접할 때가 자주 있다.

"오랜 친구가 좋다!" 함은 서로 알고 지낸 기간이 오래 되었기 때문에 좋다는 시간의 개념이 중요한 것이 아니라, 오랜 세월 동안 동고동락하며 서로의 생각과 마음이 소통하고 공감하는 경지(境地)에 이르게 되는 서로에게 들인 '정성의 기간(期間)'이 길었음을 의미하는 것이리라.

이런 관점에서 생각해 볼 때 친밀한 인간관계는 마음에서 우러나서 행하는 대접을 상대에게 끊이지 않고 쉬지 않고 하며 지속적이고 적극적인 관심과 배려를 베풀 때 이루어질 수 있는 것이라 생각해 볼 수 있다.

성경에서 볼 수 있는 아름다운 인간관계 중의 대표적인 것으로 예수님의 조상이 된 이방 여인 룻과 그의 시어머니 나오미와의 관계를 들 수 있다.

유다 베들레헴에 흉년이 들어 먹고 살기가 힘들어지자 나오미의 남편 엘리멜렉은 두 아들을 데리고 고향을 떠나 모압 지방에 가서 살게 된다. 이곳에서 엘리멜렉과 두 아들은 죽고 두 아들이 후사가 없이 죽는 바람에 나오미는 두 며느리와 함께 살게 되었다.

나오미가 다시 고향으로 돌아갈 결심을 하였을 때 두 며느리 중 룻은 고향에 남아 좋은 남편을 만나 잘 살라는 나오미의 권유를 마다하고 끝까지 시어머니를 따라 낯설고 물 설은 타향 땅 유다 베들레헴으로 따라 나서게 된다.

이때 만류하는 시어머니 나오미에게 룻은 "어머니의 백성이 나의 백성이 되고 어머니의 하나님이 나의 하나님이 되시리니 어머니께서 죽으시는 곳에서 나도 죽어 거기에 묻힐 것입니다!"라고 고백하며 끝까지 나오미를 따라 베들레헴으로 오고야 만다.

나오미의 며느리 룻이 "어머니의 하나님이 내 하나님입니다!"라고 고백한 데에는 이방 여인인 룻에게 하나님을 알고 그 하나님께 자신의 삶을 바칠 수 있는 신실한 믿음이 있었다고 생각하기 보다는 후손도 없이 과부가 되어 오갈 데 없는 비참한 처지의 자신을 아들이 살아 있을 때나 조금도 다름없이, 아니 어쩌면 남편이 살아있을 때보다도 더 크고 깊은 사랑과 돌봄을 시어머니인 나오미에게서 느꼈기에 가능한 일이 아니었을까 라는 생각이 든다.

"어머니 같은 분이라면, 이렇게 나를 사랑하는 분과 함께라면, 내가 모르는 신일지라도 받아들이고 어딘지 모를 곳일지라도 따라가고 생면부지의 사람일지라도 어머님이 같이 살라 하시면 말씀대로 순종하고 따르겠습니다. 비록 지금은 내가 이해되고 납득되어 수긍하는 마음이 들지 않는다 할지라도 어머님이시라면 틀림없이 나를 유익한 길로 인도하여 주실 것을 믿습니다!"라는 생각이 있었기에 나오미를 따랐을 것이리라.

누구 하나 제대로 아는 이 없는 타향에서 어떤 사람인지 알지도 못하는 보아스의 발치에 누우라는, 누가 보기라도 하고 소문이라도 잘못 나는 날이면 당시의 관습과 율법대로라면 자칫 목숨이 위태로울 수도 있는 나오미의 권유를 따를 때의 룻의 심경이 아마 이랬을지도 모르겠다.

이러한 결단(決斷)과 순종은, 그럼으로 인하여 이방여인으로서 예수님의 조상이 될 수 있었던 위대한 결단의 이면 깊은 속 가운데에는 이와 같은 일이 가능할 수 있을 정도로 나오미와 룻 사이에 일반적 고부관계를 초월한 인간적 친밀함이 있었을 것이 틀림없다.

생각은 마음에 뿌리를 내리고, 그 마음은 친밀함에 의해 감동받고 하나 되는 역사가 일어난다. 이점을 잊지 말고 삶의 노정 가운데에서 익숙함에 그칠 일과 친밀함을 더욱 공고히 해 나아가야 할 일을 잘 헤아리고 분별하여야 한다. 그럼으로써 바람직하고 아름다운 인간관계를 이루어 합력하여 선을 이루는 행복한 삶, 하나님 보시기에 미쁘다 하실만한 삶을 일구어 가야 할 것이다.

앗! 백년해로 58년밖에 안 남았네!

　어디다 내놔도 "이보다 더 이상 잘할 수 없다!" 소리를 들을 수 있는 비법이 하나 나에겐 있다. 언제부터였는지는 확실히 기억에 없지만 아주 오랜 나의 어린 시절 상고시대(?)부터 조금씩, 차츰 습득해서 60여 성상이 흐르도록 더욱 완성도를 높여가고 있는 비법이다.
　무협지에서 읽었던 곰의 웅크린 자세가 추위를 이기고 내공을 유지하고 향상 시키는 데만 효과가 탁월한 것이 아니라 '수면 중 오줌 참기 비법'에도 탁월한 효과가 있음을 경험상 이미 터득한 것을 무협지의 이론을 빌어 설명이 가능해진 경우이다.
　그렇다! 타의 추종을 불허하는 나의 수면신공 중 '오줌 참기 비법'은 요의가 증대되며 스물스물 깨어나는 나의 의식을 그대로 잠의 세계에 머물도록 하면서 방광의 팽창이 가져오는 아랫배의 격렬한 용트림과 수면상태를 유지하고자 하는 무의식적 욕망을 서로 적절히 조화시켜서 요의가 비록 사라진 것은 아닐지라도 의식이 문 열고 나와 나를 끄집어 일으키진 않을 정도로 문단속이 가능한, 비몽사몽 상태를 유지시키는데 절대적으로 효험 있는 신공자세인 것이다.

　오늘 새벽에도 평소와 다름없이 여명이 밝아오는 새벽 서너 시경이면 어김없이 찾아오는 아주아주 마땅치 않은 격렬한 요의에 의해 깨어나려는 나의 의식을 그냥 무의식 상태의 잠 세계에 묶어 두려고 곰 옆구리로 누운 신공자세에 돌입하여 잠과 각성의 경계를 오락가락하는 비몽사몽 중이었다.

환청인지 메아리인지 어디선가 모녀의 대화소리가 들려왔다. "엄마! 지금 일어나실 거예요? 난 잘려는데, 이것 민영이하고 같이 한 거예요. 아빠 엄마! 결혼 42주년 축하드려요! 난 그럼 잘게요."하고 큰 딸이 속삭이는 소리(수면방해죄로부터 자유로운 그녀는 낮보다 조금만 작은 소리면 속삭이는 것이라고 주장하지만)로 말하는 것이었다.

"응! 아직 세 시 반이야. 좀 더 있어야지."하는 아내의 소리를 들으며 '그래! 오늘이 결혼 42주년, 아내 상봉 47주년 되는 날이었지.' 하는 생각이 들며, '짜식들! 그래도 가정 생일을 잊지 않았네.'라는 생각을 했던 것 같다.(지난 40여년을 개인 생일은 혹 어쩌다 못 챙기는 경우가 있어도 우리 가정의 생일인 결혼기념일은 결코 빠뜨리지 않고 축하해 왔었다. 특히 자녀들의 부모님 결혼기념일에 대한 축하 인사 및 선물과 이 날이 없었으면 자신들의 세상구경(?)도 원천적으로 불가능할 수밖에 없었을 터인데 결혼기념일이 있을 수 있음으로 인해 그 어려운 경쟁(발생학적 관점에서)을 뚫고 태어날 수 있었음을 감사하게 받아들여야 함을 교육하였다. 그리고 가급적 해마다의 변천(變遷) 모습을 가족사진에 담아 우리 가정의 역사를 활동사진은 아니어도 벽에 걸린 가족사진만으로도 우리 가정의 변천사가 드러날 수 있을 정도는 되게 해왔었다.) 그리고는 신공 발휘 효과인지 몰라도 다시 잠 속으로 빠져 들어갔던 것이다.

"아빠! 전화 괜찮으세요?" 12시경인가 마침 환자가 뜸하여 인터넷 서핑하며 시간 때우고 있는데 걸려온 전화에서 예상 밖으로 아들의 목소리가 울려나온 것이다.

"아니, 니가 이 새벽에 웬일이냐?" 직업상 밤 새워서 일하고 아침 늦어서야 잠자리에 드는 아들에게 낮 12시는 나에게 있어서 밤12시나 같은 시간이었다.

"아빠! 결혼 42주년을 진심으로 축하드립니다."하더니 며느리를 바꿔주는 것이다. "아버지!" 걸쭉한 경상도 여성의 제 딴에 애교석인 목소리가 들려온다. "아버지!(시아버지에게 상견례 때부터도 곧 죽어도 아버지다. 아버님은 정 없다고.) 결혼 42년, 상봉 47년을 축하드립니다!"하고는 막 웃는다.

"그래! 고맙구나. 근데 자야지 아직 뭐했니?"하니, "이 말씀 드리고 자려고요. 그럼 인제 잘게요. 이따 뵈요!"하고 자러 가는 것이었다.

그랬다. 오늘이 바로 열여섯 살 때 만난 여인과 스무 살에 결혼하여 같이 대학 다니고 서로 리포트도 대신 써주고 밀고 당기면서, 아이는 넷밖에 못 낳았지만 알콩달콩 살아온 나날이 벌써 세월이 이리도 흘러 어느덧 마흔 두 해가 지난 것이다.

"삼천갑자(三千甲子) 동방삭도 있는데 이갑자(二甲子)야 못살겠어? 그럼 백년해로(百年偕老)는 당연한 것 아냐?"하고 큰 소리, 흰 소리 막 해대던 그때를 생각하며 그리고 지난 40여년을 지지고 볶으며 지나온 짧지 않은 세월을 돌아다보면서 '그땐 참으로 철딱서니도 없었구나!' 하는 생각에 얼굴이 괜히 붉어진다.

부모는 아니 그러셨는데 누굴 닮아 그렇게 겁도 없이 거짓말과 허풍을 그리도 많이 쳤는지(사랑에 빠지면 거짓말도 진심인 줄 믿게 되며 자신의 무의식까지도 마취시키고 속일 수 있는 신통력이 있게 되는 건지는 몰라도) 모르겠지만 그럼에도 불구하고 고맙게도 속아주고(?), 날 데리고 살아준 아내를 바라볼 때 남다른 감회에 젖어듦을 느낀다.

지난 42년 동안 철이 덜 들어도 한참이나 덜 든 어린 남편 뒷바라지하며 묵묵히 자신의 삶도 남 못지않게 일구어낸 아내를 바라볼 때 고마운 마음이 절로 솟아남을 고백하지 않을 수 없다.

이제까지의 나와 그래서 지금 오늘이란 시간 앞에 행복에 싸여서 있는 나를 볼 때 훌륭하신 부모님의 자식으로 태어날 수 있었던 축복에 고마우신 처가 부모님을 만나 지난 42년 세월을 보살핌 받고 속 깊은 아내를 만나 곁길로 빠지지 않고 무사히 학업을 마쳐 의사가 될 수 있었으니 천복(天福)을 타고난 팔자요 운명이라 하지 않을 수 없을 것 같다.

어느 처가 친척 어른이 결혼인사 갔을 때 "여자를 알고 공부하는 것은 돌을 넣고 밥 하는 것과도 같다!"라는 격려인지 저주(?)인지 모를 말씀을 하셔서 정신이 번쩍 든 적이 있었지만 그분의 걱정 이면(裏面)에 있었을 그 축복하는 마음에 부응하여 무사히 공부도 마치고 오늘에 이를 수 있었으니 정말 너무나 큰 축복을 받으며 살아온 지난날들이었음을 고백하지 않을 수 없다.

한참 기고만장(氣高萬丈) 교만방자(驕慢放恣)하여 하늘 무서운 줄 모르고 하나님이 지켜보시며 나와 동행하시는 가운데 다 듣고 계신 것도 모르고 아랑곳없이 내가 잘나서 모든 것이 잘 돌아가고 있는 줄로만 생각하며 미몽에 빠져 있었을 때에, '나'를 앞세우는 교만에 빠져있던 느부갓네살 왕을 광야로 내쫓으셔서 7년 동안 풀 씹으며 혼미함 가운데 거하게 하셨던 것같이 심하게(?)는 아니하시고 감당할만한 어려움을 주심으로 교만이 얼마나 큰 죄인 줄 깨닫게 하여 주셨으니, 나라는 존재는 하늘로부터 부모로부터, 그리고 아내와 그리고 귀한 가르침을 주신 스승님과 자신을 희생하며 까지 용기를 북돋아준 형님, 누님과 친형처럼 따르고 마음을 나누는 아내의 동생들과 그리고 도움과 격려가 필요한 순간에 큰 힘이 되어준 고마운 친구들과의 좋은 만남과 상부상조할 수 있었음을 생각하면 난 참 너무나 큰 축복을 받고 태어나서 지금까지 살아왔고 지금 그래서 이렇게 살아서 오늘을 마주하며 이런 상념과 기쁨에 젖어들 수 있음이니 정말로 감사한 마음을 금할 수 없다.

이제 거의 반백년을 함께 한 아내와의 삶을 보호해 주시고 이른 비와 늦은 비로 키워 주시고 오늘의 우리가 있을 수 있도록 항상 언제 어디서나 우리의 삶 가운데 동행하여 주신 하나님께 감사와 찬양과 경배를 올리며 부모님 뜻을 거역하지 않는 자랑스러운 자녀가 되고, 존경받고 닮기 원하는 부모가 될 수 있도록 앞으로의 생(生)을 얼마나 허락하실지 몰라도 살아 있는 한 최선을 다하여, 단순히 생존에 그치는 인생이 아니라 하나님을 기쁘시게 하고 이웃을 행복하게 하고 세상을 아름답게 변화시키는 데 조금이라도 힘을 보탤 수 있는 보람된 삶을 일구어 갈 결심을 새롭게 한다.

살면서 그것도 나 아닌 자와 나처럼 대하고 살면서 어찌 불편하고 마땅치 않고 마음 상할 일이 없었겠는가! 그러나 아닌 말로 속을 썩였다면 내가 더 썩혔을 터이고 말썽을 집혔어도 내가 더 했음은 하늘도 땅도 너도 나도 세상이 다 아는 노릇이니 비록 백년해로(百年偕老)의 흰 소리가 달성되진 못한다 할지라도 죽음이 우리를 갈라놓기까지 이제 남은 50년은 저 옛날의 겁 없이 뱉어냈던 흰 소리, 큰 소리를 다만 얼마라도 이루기 위해 아내에게 좀 더 관심과 배려로 정성을 다할 것을 다짐한다.

시간이 가고 세월이 흘러 몸은 쇠약해지고 마음의 담대함이 나약해짐을 부인할 수는 없으나, 감사하게도 영(靈)이 그래도 다소 맑아지고 깨달아지는 바가 있어, 이제라도 감사할 것을 깨닫게 되고 감사할 맘이 들고 마땅히 행해야 할 것이 무엇인지가 다소 헤아려지고 분별이 가능해짐을 느끼게 되니, 이 육신의 생이 마쳐지기 전에 깨달음의 끝자락을 잡는 영혼(靈魂)의 기쁨을 누릴 수 있어 감사할 뿐이다.

"앗! 백년해로 2년 전이다!를 외칠 수 있을 기회가 주어진다면 그때엔 또 어떤 감상문이 떠오를지 기대가 막강하구나!"

재혼 주례사

지금 이 시간부로 신랑은 아이들의 생모와 신부는 아이들의 생부와 재혼하여 새롭게 신혼부부로 태어났음을 선포합니다.

재혼하여 새로운 부부가 된다 함은 남편은 이전(以前) 아내와의 관계가 어떠하였던지 간에 이전 아내와 지금의 새 아내를 비교(比較)하지 아니하고 아내가 이전 남편과 어떤 관계를 맺었었고 그 사이가 어땠었고 그 관계의 속사정이 어떠하였던 지와 상관하지 아니하고, 오늘 이후의 새로운 삶에 성실하고 진실되게 아내에 대하여 지속적인 관심과 배려로 사랑의 새 싹을 보호하며 키워 나아가야 할 것입니다.

아내는 이전 남편과의 관계가 어떠하였던지 간에 이전 남편과 지금의 새 남편을 비교하지 아니하고 남편이 이전의 아내와 어떤 관계를 맺었었고 그 사이가 어땠었고 그 관계의 속사정이 어떠하였던 지와 상관하지 아니하고 오늘 이후의 새로운 삶에 성실하고 진실되게 남편에 대하여 지속적인 관심과 배려로 사랑의 새 싹을 보호하며 키워 나아가야 할 것입니다.

재혼으로 이제 새로이 하나 된 부부는 각자가 경험했던 이전 부부 사이에 어땠던 것과 지금을 비교하여 지금의 남편이 또는 아내가 혹 부족함이 있을지라도 이를 절대로 드러내지 아니해야 하고 혹 자신의 그런 마음을 새 남편이, 새 아내가 눈치 채고 실망하고 좌절하여 행여나 감정이 상하고 삐치는 일이 일어나지 않게끔 더욱 성심을 다하여 이제 새로 맺어져 죽음이 둘의 사이를 갈라놓기 까지 서로서로 따듯하게 품어주고 사랑하여 행복을 누리며 죽음을 맞기 전에 이와 같은 사랑과 행복을 누릴 수 있게 됨을 감사할 수 있도록 새로운 관계의 성공적인 수립과 유지를 위하여 최선을 다 하여야 할 것입니다.

그럴 수 있기 위하여 "이전 것은 지나가고 새 것이 되었도다!"라는 성경 말씀의 의미를 깊이 되새기고, 다시 한 번 기회가 주어진 것을 감사함으로 받아들이고, 성경에서 가르쳐 주시고 명하신 대로 내가 대접받고자 하는 대로 상대를 대접하기에 힘써야 할 것임을 명심하고 절대로 잊지 않고 실천하여 더할 수 없는 행복을 경험하고 누리는 복 있는 부부가 되실 것을 축복하고 기원합니다!

이제 황혼의 나이에 접어든 두 분을 나이어린 사람이 주례를 서고 주례사를 말씀 드림이 다소 민망하고 면구스런 느낌이 없는 바는 아니나, 이렇게 하는 것이 두 분의 새로운 삶을 행복으로 이끄는 길이라 확신하기에 무례를 무릅쓰고라도 이렇게 행함이니 아무쪼록 이런 충정을 깊이 혜량하시어 이제 남은, 그리 많지 않은 세월을 서로 사랑하고 사랑을 누리며 살아서 천국의 기쁨과 희락 가운데 감사와 찬송으로 향기 가득한 참된 행복 가운데 거하시길 기원합니다!

다시 한 번 잊지 마시길 바라며 거듭 강조 드리고 싶은 것은 사탄이 두 분을 불행으로 밀어 빠뜨리기 위해 그럴듯한 말로 속삭일 때 절대로 흔들리고 넘어가셔서는 안 된다는 것입니다.

두 분은 이제 과거의 두 분이 아니고 새로운 삶으로 신혼부부로 새롭게 다시 태어났다는 마음으로 사셔야 한다는 것입니다. 이제까지는 "왜 날 사랑한다면서 내가 원하고 좋아하는 것을 안 해주는 것이야?"라고 상대에게 대접받기만을 요구하며 불평불만 원망이 앞섰다면 이제 이후로는 서로 자신이 상대에게 대접받고자 하는 대로 내가 먼저 상대를 대접하여 상대가 나로 인하여 행복해 하는 것을 보는 것에서 기쁨과 행복을 느끼며 함께할 수 있음을 감사하며 죽을 때까지 행복하셔야 한다는 점입니다.

이제 이전 것은 다 지나가고 새로운 인생으로 다시 태어나셨으니 서로 사랑만을 나누며 둘이 하나로 융화되어 가는 과정에 기쁨으로 함께 참여하고 바람직한 결과를 일구어 가는 아름다운 삶을 펼쳐 가시기를 축원하며 이만 재혼 주례사에 가늠하고자 합니다!

두 분 축하드립니다!

- 칠십 중반에 이른 노부부가, 아내는 "이제 다 늙었는데 무슨 놈의 성생활이누?"라는 마음으로 일방적으로 남편의 접근을 거부하고 남편은 아직도 정력(精力)이 왕성하여 적어도 일주일에 한 번은 성관계를 해야 직성이 풀리는 상황이었다. 점잖은 처지에 이런 문제로 시끄럽게 하고 싶지 않은 남편은 돌파구로 아래층에 세준 가게 주인인 오십 대의 과부와 지난 십여 년을 가깝게 지냈던 것이다.

겉으로는 예전과 다름없는 자상한 남편이고 항상 자신에게 잘 대해주어 그냥 저냥 평온하게 지내는 나날이었지만 그래도 무엇인가 이상타 여기던 아내에 의해 최근에 이러한 사실이 밝혀지게 되었다. 죽네 사네, 사네 못사네 하며 갈등하던 기간이 수개월이 흐르고 이제는 그래도 살긴 살아야겠는데 자꾸 그 여자와 했을 짓거리가 생각나고 울화가 불쑥불쑥 치솟아 견디기 힘들다며 외래로 찾아온 부부였다.

아내는 죽을죄를 지었다고 한번만 용서해 달라며 전직에 한 가닥 내노라 하던 남편이 기가 잔뜩 죽어, 자기가 싸대기를 올리고 실컷 두들겨 패도 찍소리 못하고 참으며 힘들어 하는 모습을 보면서 자신의 시도 때도 없이 솟구치는 남편에게 해 붙이고 싶은 충동을 이제는 오히려 불평하고 무서워하며 갈등하고 있었다.

남편은 죽을죄를 진 것은 사실이나 시도 때도 없이 자다가도 불쑥 자는 사람 뺨을 사정없이 때리면서 가슴을 움켜쥐고 흔들며 악다구리로 욕을 해대는 평소의 교양 있던 아내의 모습과는 달라졌어도 너무 달라진, 마치 마귀가 달려드는 듯한 느낌을 주는 아내의 모습에 "이젠 나도 더 못 참겠다!"는 감정이 불쑥 불쑥 일어나는 것 때문에 갈등하고 있었다.

서로 가정은 깨지지 않길 원하는 두 분에게 과거의 사안(事案)에 집착하면 이제는 두 분이 과거의 사실을 변화시키는데 할 수 있는 일이라곤 아무 것도 없는 법이니 재혼(再婚)했다 생각하고 앞으로 어떻게 사는 것이 행복해질 수 있을 것인가만 연구하자는 말로 조언하고 면담 중 나누었던 내용들을 '재혼(再婚) 주례사(主禮辭)' 형식으로 정리해 보았다.

재혼이라는 새로운 각오를 가지고 살아야 할 부부들이 많은 세상임을 임상경험을 통해 절감한다. 재혼이라는 새로운 삶을 받아들이는 결단이 필요한 부부가 많음을 체험하며 무엇보다 귀중한 말씀이 "이전 것은 지나가고 새것이 되었도다!"라는 말씀과, "대접받고자 하는 대로 대접하라!"라는 말씀임을 이런 갈등 가운데 휘말려 있는 부부를 대할 때면 더욱 절감하게 된다.

 이 글을 대하는 분들 가운데에 혹시라도 이런 어려움과 갈등이 있어 어찌해야 좋을지 몰라 방황하고 있는 분이 있다면 이런 발상(發想)의 전환(轉換)이 도움이 될 수 있기를 간절히 바라는 마음으로 이처럼 정리해본 것이다. -

부고(訃告)

환절기에 접어들며 부고(訃告)를 자주 접하게 된다. 나이도 나이인지라(친구들 중 어린 축에 든 나도 환갑, 진갑이 넘은 처지이니) 장수하시던 부모님들이 세상 떠나시는 경우가 잦을 수밖에 없다. 그렇다 보니 "밤새 안녕하셨습니까?"라는 인사가 새삼스레 그 의미가 되새겨지고 인간의 삶이 유한(有限)한 것임이 새삼 실감나게 느껴진다.

어쩌다 아픈 것까지는 몰라도 죽는다는 것은 알게 모르게 내 마음 속 깊이에서부터 거부되고 부인되어 생전 죽지 않는 사람일 것 같은 아니 죽지 않아야 할 것 같은 착각 속에 사는 존재가 우리 인생이 아닌가 싶다.

무병장수(無病長壽)하시어 백수(白壽)는 너끈히 이루실 것 같았던 어머님의 소천(所天) 소식을 갑자기 대하며 '사는 날 동안 무엇을 어떻게 하며 사는 것이, 언제 어디서 어떻게 찾아올지 모르는 죽음에 맞서 승리하는 길일까?'하는 생각을 해보게 된다.

성경의 말씀에 "서로 사랑하라!"는 말씀이 갑작스런 어머님의 소천하심을 대하며 떠오르는 것은 사랑함만이 죽음이 줄 수 있는 좌절과 허무와 두려움으로부터 우리의 마음을 해방시키고 "나의 삶은 죽어가는 인생이 아니라 죽기 전까진 살아있는 삶이다!"라는 사실을 선포하며 죽음에 대한 패배의식에 찌든 허무한 인생을 죽음을 극복하고 초월할 수 있는 살아볼만한 뿌듯한 행복한 삶으로 돌이킬 수 있는 묘약이고 무기이기 때문일 것이다.

충분히 사랑을 나눈 사이에서는 죽어도 여한이 없고 그 대상이 생각날 때마다 그 대상과 사랑을 나누던 기쁨이 리바이벌되어 모든 고통과 좌절 허무를 능히 극복할 수 있게 되기 때문일 것이다.

어머님의 소천 소식을 접하며 아내에게 "내가 앞으로 더 잘 할게 우리 서로 서로를 더욱 사랑하고 진심으로 대접하며 언제일지 몰라도 죽음이 우리를 갈라놓기 전까지 서로 사랑하며 삽시다!"라고 한 말은 만날 잔소리만 하기 좋아하던 내가 모처럼 한 기특하기 짝이 없는 말이라 생각된다.

사랑하며 대접하며 나로 인해 상대가 행복해 하고 기쁨을 누리는 것을 보고 느낄 수 있는 행복과 보람을 느끼며 살기에도 짧고도 짧은 찰나 같은 인생길을 누구를 미워하고 분노에 사로잡혀 오늘 살아있음을 원망하고 오늘 그 상대를 죽이지 못함을 한스러워 하며 산대서야 될 말인가?

"우리 서로 사랑하자. 우리 서로 사랑 안에 살자. 사랑은 하나님에게서 난 것이니 하나님은 사랑이시라!"라고 이르신 성경의 말씀을 마음에 새기며 우선적으로 옆에 있는 아내 남편 부모 자녀부터 마음으로부터 우러나 대접하고 사랑하며 사랑 나누는 삶을 일구어 나아가야 할 것이다. 사랑 비슷한 것을 억지로 욕먹기 싫어서 남이 보니까 할 수 없어서 그것도 조끔 베풀며 공치사하는 교만에서가 아니라, 이렇게 사랑을 나눔으로 살아서 천국을 경험할 수 있음을 감사하는 마음으로 행할 것을 다짐해 본다.

쉬운 일, 어려운 일

누가 물었다 : 태산에 오르는 일하고 마누라 마음 헤아리는 것하고 무엇이 더 어려울까요?
누군가가 대답했다 : 그걸 질문이라고 하슈? 당연히 태산 오르기죠.
누가 다시 물었다 : 그럼 그 양반 이름은 잘 생각 안 나지만 어려서 배운 그 시조 있죠. 태산이 높다 하되 하는 것 말유, 하더니 시조를 읊기 시작했다.

> 태산이 높다하되 하늘 아래 뫼이로다.
> 오르고 또 오르면 못 오를리 없건마는
> 사람이 제 아니 오르고 뫼만 높다 하더라.

그리고 나더니 그런데 이런 속담도 들어보셨죠? 하구선 열 길 물속은 알아도 한 길 사람 속은 모른다. 라는 속담을 마치 시조를 읊듯이 그럴 듯한 여운까지 남겨 가면서 읊는 것이었다.
그리고 누가 또 다시 물었다. : 태산 오르기와 그대 마눌님 마음 헤아리기 중 무엇이 어렵겠소?
누군가가 감탄의 눈으로 그 누굴 보며 대답했다. : 세상에나! 말씀 듣고 보니 내가 뭔가 잘못 생각하고 있었구려. 내가 결심하고 행하면 되는 일과 내가 결단하고 행한다 할지라도 상대의 진심어린 협조가 없으면 안 되는 일 중에 어려운 일은 덩치가 손톱 밑에 낀 때만도 못한 사람 마음 헤아리기이고 정작 쉬운 일은 내가 맘먹고 결단해서 행동으로 옮기기만 하면 결과는 이미 판가름 난 것이나 진배없는 태산 쪽이 쉬운 일인 것이로군요. 좋은 점을 깨달았시다. 라고 말하였다. 그리고는 각자의 곳으로 돌아갔다.

태산 오르기와 아내의 마음 헤아려 그 마음에 행복이 깃들게 하기 중 어느 것이 어려운가? 개는 고기 좀 붙어 있는 뼈다귀 던져주면 우리가 보기에 행복한 듯 꼬리를 흔드나 아내에게 월급 던져주면 아내가 마치 강아지처럼 꼬리치며 행복해 하고 자녀에게 용돈 던져주면 감사와 기쁨이 넘쳐 아버지가 너무 너무 존경스럽다는 표정이 얼굴에 가득해지고 이웃이나 직원에게 선물과 월급 던져주면 관계가 더욱 화기애애하고 돈독해질 수 있을까?

무엇이 진정 어려운 일이고 따라서 무엇에 더욱 신경 쓰고 올인해야 할 것인가? 갈비에 금 가도록 골프 스윙 연습하는 건강관리 하는 거나 헬스장 코치 말에 순종함인가? 아니면 내가 처해져 있는 상황에서의 중요한 인간관계에 정성을 다할 일인가?

  쉬운 일 : 내가 하면 되는 일. 될 수 있는 일. 성패의 변수가 나의 결단과 실행 즉, 나 자신에게 달려 있고 내 의지에 달려있고 내 결단에 달려있는 일.
  어려운 일 : 내 노력은 당연히 요구되나, 내 노력에 의해서 그 결과가 영향 받는 것보다 다른 요소가 영향을 더 크게 미칠 수 있는 일.

이렇게 인간이 행할 수 있는 일을 두 가지로 나눠서 생각해 볼 수 있을 것이다.

그 예로 인간관계를 생각해 볼 수 있다. 내 나름대로 상대에게 내가 정성을 다해 열심히 대한다고 해서 상대와 상황이라는 조건과 상관없이, 상대의 상태나 조건의 영향을 받지 않고 내 의도대로의 결과를 언제나 낳을 수 있는 것은 아니다. 경우에 따라서는 나름대로 열심을 내는 것이 좋은, 바람직한 바라고 소원하는 결과를 이끌어 내기보다는 전혀 예상하지 못했던 부정적인 반응을 불러오고 내 뜻과는 전혀 상관없는 엉뚱한 결과를 일으키고 이제까지의 노력이 허사가 되고 칭찬은커녕 죽도록 노력하고도 욕만 먹는 수도 있을 수 있다.

즉, 상대라는 변수의 반응에 대한 예측과 배려가 적절하고 효율적이지 못할 땐, 노력에 따른 보상은커녕 오히려 체면만 구기고 상처만 받을 수 있기도 하다. 그러니 이러한 내 생각과 결단 외에 결과에 영향을 끼칠 수 있는 변수가 많으면 많을수록 그 일은 어려운 일일 수밖에 없다.

따라서 내가 하기만 하면, 내가 열심히 안 해서 그렇지 마음을 단단히 먹고 내가 끝까지 할 때 될 수 있는 일은, 즉 그 결과에 미치는 영향이 단지 나의 생각과 결단이 다일 수 있는 일이라면 그것이 무엇이든 그것은 누워서 떡먹기랄 수 있으니, 이런 것을 쉬운 일이라고 말할 수 있는 것이다.

그러나 상대가 있는 사안은 아무리 사소한 듯 보이는 일일지라도 그 상대의 반응이 어떨지를 알 수 없으니 마치 살 어름 위를 걷듯이 조심스레 상대에 대하여 관심을 갖고 배려하며 대하고 행해야 가까스로 성공적인 관계를 이룰 수 있게 되니 이런 일이야말로 어려운 일이라 할 수 있을 것이다.

　누구나 경험하는 일 중 가장 대표적으로 어려운 일이라고 말 할 수 있는 것은 아마도 부부지간의 일이라 할 수 있을 것이다.
　부부(夫婦)는 세상 모든 사람이 놀랄만한 크나큰 어려움도 서로 합심하여 넉넉하게 극복하고 초월하는 모습을 보이기도 하지만 누가 보아도 별것 아닌 아주 하찮은 일 가지고도 갈등하다가 끝내는 찢어지고 마는 안타까운 결말을 보이기도 한다.
　왜냐하면 "합력하여 선을 이루리라!"라는 부부라는 인간관계에 임하는 기본자세가 바로 서 있지 못하고 나 혼자만의 생각과 결단과 실천만 가지고 무엇인가 될 줄로 생각하고 섣불리 행동하다가는 부부로서의 삶에 나와 똑같은 비중을 가지고 있는 상대가 나의 생각과 결단과 행동에 보조 맞추기를 거부하거나 비협조적이 되어 마치 이인삼각(二人三脚)의 달리기 때 혼자서만 열심인 격이 될 수 있어서 그 결말은 둘 다 넘어질 수밖에 없듯이 부부관계에 어려움과 갈등이 도래되는 것이다.
　따라서 부부 사이의 문제는 그 어떤 경우보다 아주 정성을 다하여 철저하게 대비하고 어려울 것을 예상하여 최선을 다 해야 하는 것이다.

　내가 충분히 할 수 있는 일이고 더군다나 당연히 해야 할 일 하면서도 공치사나 남발하고 "너는 왜 그렇게 밖에 못하냐!"고 상대 배우자를 탓하는 습관이 든 사람은 스스로 자신의 삶을 꼬이게 만들고 불행으로 몰고 가려고 작정하고 사는 것이나 다름없다.

자신의 삶을 아름답고 성공적인 삶으로 이루어 가기를 원한다면 이 어려운 일, 쉬운 일에 대한 본질을 바로 인식하고 인생길에서 만나는 사안마다 살면서 피치 못하고 부딪치게 되는 경우마다 적절하고 효과적인 방법으로 대처할 수 있어야 할 것이다.

  그런데 이런 삶에서 부딪치는 문제의 본질을 바로 볼 수 있는 능력과 자세는 어린 시절 어떤 교육과 양육을 받았느냐에 달려 있다.
  아이에게 세상을 살아가는 법을 가르칠 때, 쉬운 일 즉 자신의 결심과 결단이 필요한 일을 피하지 않고 받아들이며 정성을 다하여 조심하고 최선을 다하여 상대의 마음을 헤아려 대처함으로써 바람직한 인간관계를 이루고 성숙시켜 나아가야 하는, 쉽게 생각하지 않아야 할 어려운 일에 대하여 분별할 수 있는 마음 자세를 확실히 가르쳐 익히게 하여야 한다.
  아이에게 마땅히 행할 일을 어렸을 때에 가르쳐야 이 아이가 나이 들어서도 이에서 떠나지 않는 법임을 부모가 특히 그들의 엄마가 명심하여야 한다.
  관계의 성공에서 행복을 이루고 스스로를 극복함으로 보람 있는 삶을 일구는 법을 어려서 배워야 하는 것이다.

  오늘 이러한 공염불(?) 비슷한, 누구나 다 알만한 별로 대단하지도 않은 생각과 관점을 이렇게나 진지하고 엄숙하게 따지고 헤아려 보는 이유는 다름이 아니라 필자가 정신건강 의학과 개원의로서 매일 만나는, 불행이 싫고 행복에 목말라 찾아와 조언을 구하는 사람들의 상당수가 바로 이 쉬운 일과 어려운 일에 대한 기본개념(基本槪念)의 혼란과 그 본질적 가치에 대한 이해부족으로 인해 그들이 인생길에서 부딪치고 만나는 상황에 대하여 바른 분별력과 적절하고 효과적인 대응방식을 개발하지 못하여 여러 가지 어려움에 처하는 것을 보기 때문이다.

　이들이 흔히 보이는 왜곡된 모습은 정작 별것도 아닌 쉽기만 한 일은 그게 마치 세상을 들어 옮기기라도 하는 일이라도 되는 양 어려운 일인 줄로 인식하여 지레 주눅 들어 회피하고, 진짜로 세상을 바꾸는 일일 만큼 어려운 일을 대할 땐 집에서 기르는 애완견에게 개 껌 던져주듯 별 생각 없이 함부로 행동하는 바람에 삶이 꼬여 오늘의 불행한 결과를 맞고 있다는 생각이 들어도 너무 많이 자주 들기 때문인 것이다.
　사람다운 사람이고자 한다면 마땅히 행할 일을 해야 하듯, 마땅히 관심을 쓰고 정성을 들이고 배려하며 애써 상대해야 할 대상에 대한 바르고 정확한 분별이 있어야겠다는 생각이 들어서이기도 하다.

　인간으로서 마땅히 받아들이고 수행하지 않으면 아니 될 가치 있는 일을 어렵다고 물러서고 못 본 체하고 피하는 것이 아니라 어려울 것을 대비하고 준비하여 능동적으로 대처함으로써 있을 수 있는 어려움을 슬기롭게 그리고 효과적으로 극복하고 초월하여 자신의 삶을 성공적으로 보람 있는 삶을 이루고 인간관계를 아름답게 꽃피워 살아서 천국의 즐거움과 행복을 맛보고 누릴 수 있는 중요한 방법이요 요령 중의 하나가 바로 이 쉬운 일, 어려운 일에 대한 바른 분별이 아닐까 생각해 보는 것이다.

　천하에 쉬운 일 : 1. 담배 끊기
　　　　　　　　　 2. 술 끊기
　　　　　　　　　 3. 체중 줄이기

천하에 어려운 일 : 1. 자존(自尊)의 자격(資格) 갖추기
2. 대접받고자 하는 대로 남을 대접하기
3. 아내, 남편 마음 이해하기,
돕는 배필 되기

　쉽고 어려움의 기준이 나의 선호와 심신의 편함 여부에 있는 것이 아닐 뿐만 아니라 쉽고 편한 것이 결코 선(善)하고, 가치 있고 더구나 옳고 바른 삶이 아닐 수도 있음을 간과해서는 안 될 것이다.
　우리가 어떤 일을 선택하고 행하고자 할 때 그 일이 얼마나 쉽고 어려운 일인가가 판단의 기준이 되어서는 안 되고 인간으로서 마땅히 행할 일이고 그럼으로써 홍익(弘益)의 아름다움을 펼칠 수 있는 일인가에 초점을 두어야 할 것이다.
　가치 있는 일을 생각하고 행하는 것이 결코 누워서 떡 먹기 식으로 편할 수만은 없는 법이니 어려울 것을 각오하고 대비하고 최선의 노력을 경주해야 하리라.
　그러면서도 상대라는 변수(變數)에 하늘의 뜻이라는 변수까지 그 결과에 영향을 미칠 수 있음이니 내가 결심하여 행함으로 이미 그 결과가 정해지다시피 한 일은 이런 관점에서 생각해볼 때 쉬워도 너무나 쉬운 일일 수밖에 없다 할 것이다.

　사안의 본질적 의미가 가치 있고 비록 열심히 최선을 다하여 노력한다 해도 원하는 바가 다 이루어지지 않을 수도 있지만 그래도 그 방향으로 부단히 나아가는 것 자체에 의미가 있는 것이 어려운 일이라 할 수 있을 것이다. 기준이 나의 심신의 편함에 있느냐, 사안의 본질적 중요성에 있느냐의 문제인 것이다.

기준(基準)

　사람은 사회적 동물이라 불리는 것처럼 누구나 누군가와 관계를 맺고 서로의 삶이 얽히고설키어 서로 영향을 주고받는 가운데 살아가지 않을 수 없다. 따라서 누구나 필연적으로 맺고 살아갈 수밖에 없는 그 누군가와의 '인간관계'가 바람직한 상태인가 하는 문제는 그 사람의 인생이 보람 있고 의미 있고 행복한 삶이냐 아니냐를 판가름하는 데 있어서 가장 중요한 잣대라고 말할 수 있다.
　따라서 인간관계는 그냥 아무렇게나 맺어져도 문제될 것이 없는 것이 아니라 가능한 좋고 효율적이며 서로에게 유익을 줄 수 있는 관계일 수 있어야 한다.
　그런데 그런 좋은 인간관계는 저절로 이루어지는 것이 아니다. 그렇게 되기 위한 진실되고 신실한 노력이 필요하다. 그러자면 인간관계에 임하는 마음가짐과 생각과 행동에 대한 바른 기준이 있어서 이 기준이 각각의 인간관계 수립과 유지에 분명하고 바르고 적절하게 적용될 수 있어야 할 것이다.

　인간이 세상에 존재하며 맺을 수 있는 인간관계는 인간사회의 복잡함과 다양함에 따라 복잡하고 다양한 형태의 것들일 수밖에 없다. 그러나 이런 여러 가지 속성의 인간관계 중 누구도 예외일 수 없는 관계가 있다면 부부관계 이웃과의 관계 고부관계 또는 장모 사위의 관계를 생각해 볼 수 있겠다.

　인생길에서 부부의 관계가 좋고 원만하고 서로의 마음과 생각이 잘 소통되는 가운데 행복할 수 있어야 함은 그 무엇보다 중요한 가치이고 삶의 보람이며 궁극의 목표라고도 말할 수 있다.

또한 사회생활을 하자면 동료 친구 이웃과의 관계를 안 맺을 수 없고 이런 부부관계나 사회적 인간관계가 잘 유지된다 할지라도 결혼한 성인 남녀에 있어서 고부간(姑婦間)에 갈등이 있어 잘 해결이 안 되고 그 골이 깊으면, 부부관계에 결정적으로 부정적인 영향을 끼칠 수 있으니 이 세 가지 속성의 인간관계가 잘 조화롭게 일구어져야 함은 우리의 삶이 행복할 수 있느냐에 대단히 중요한 것이 아닐 수 없다.

그럴 수 있으려면 이 각 각의 관계에 적용할 바른 기준은 어떠해야 할까? "무조건 상대에게 잘 해주기만 하면 되지 뭘!"이라는 두루뭉술한 기준을 공히 적용시키면 될 것인가?

부부라는 인간관계는 그냥 물에 물탄 듯, 술에 술탄 듯, 그냥 그저 그렇고, "부부니까 그냥 사는 거지 뭐 특별할 것 있어?"라고 말하는 정도에 그쳐서는 안 된다. 자신의 삶이 성공적이고 보람된 삶으로 자리매김 될 수 있느냐의 관건은 부부라는 인간관계를 여하히 맺고 사느냐에 달려 있다 해도 과언이 아니다. 인생의 성패(成敗)가 달려 있다 해도 과언이 아니고 "당신은 행복하십니까?"라는 질문에 "네! 아주 행복합니다!"라고 기꺼이 대답할 수 있는 데에 결정적 역할을 하는 것이 조화롭고 행복하고 만족스런 부부관계인 것이다.

그런 연고로 부부관계는 반드시 좋아야 한다. 좋은 관계가 될 수 있게 만들지 않으면 안 된다. 그렇게 되도록 지속적으로 열심을 다하여 노력해야 한다. 그래야만이 세월이 가면서 그냥 저냥 익숙함의 함정에 빠져 서로의 관계가 있어야 하는 자리에 익숙한 물건 놓여 있어 찾을 때 손만 내밀면 으레 손에 잡히는 것과 같은 관계가 아니라, 둘의 마음이 하나 되고 영혼까지 하나 되는 경지에 이르도록 "저네들은 둘이 서로 좋아서 죽고 못 살아요! 아주 너무 웃겨요!"라는 부러움 반, 질투 반의 말을 들을 수 있을 정도까지 지속적으로 친밀해져 가는 관계가 될 수 있기 때문이다.

그러니 이 말로는 쉬울 듯하지만 실제로 그렇게 행한다는 것이 결코 만만치 않은 어려운 소망이 저절로는 결코 이루어질 리 만무하다. 끝 간 데 없는 피나는 노력을 경주해야 한다. 그것도 그냥 나름대로 열심히 노력해서 "아니! 이제껏 잠시도 한눈팔지 않고 죽어라고 땅 팠는데 도대체 물이 왜 안 나오는 것이여!"라면서 원망하는 식의 헛수고가 아니라, 효과적이고 효율적인 방법을, 상대의 고유한 취향(趣向)과 특성에 맞도록 발견하고 개발하고 창조해 내서 그 효과적인 방법 활용에 숙달되고 거의 도사지경(道士地境)에 이르기까지 노력해야 한다.

일반적, 수평적 인간관계에서는 서로에게 피해를 주지 않고 해를 끼치지 않으면서 공동의 유익을 얻기 위해 상부상조하고 공존 공생하는 마음가짐과 노력이 기본적인 마음가짐이고 대인관계에 임하는 자세의 기준이라 할 수 있다.

이런 관점에서 생각해 볼 때 고부사이라는 인간관계는 참으로 모호하고 독특한 인간관계라 말하지 않을 수 없다. 생각해 보자면 고부관계는 서로 공통의 관심사가 있는 사이가 결코 아니다. 생전 한 번 본 적도 없고 그 상대와의 결혼만 아니라면 평생 한 번도 볼일 없는 사이일 경우가 대부분이다.

그런데 생물학적인 부모 자녀의 관계도 아니면서 부모님으로 호

칭하며 오히려 친부모와의 사이보다도 더 정겨운 부모 자식 사이 같아야 하고 직접적인 인간관계가 아니면서도 그 어떤 관계보다 더 밀접해야 하고 배우자만 아니라면 아무리 생각해도 아무 상관없는 그 대상으로부터 가정의 전통 윤리와 가치가 계승(繼承)되고 가화만사성(家和萬事成)의 경지에 이르는데 결정적 역할을 하고 영향을 미치는 관계인 것이다.

　이렇게 복잡하고 미묘하고 모호한 성격을 가지고 있는 고부관계가 서로 충분히 만족할 수 있기란 현실적으로 너무나 어려울 수밖에 없다. 서로 만족할 수 있는 관계를 이룰 수만 있다면 더 바랄 나위가 없겠지만 이는 이상향에서나 가능한 상황이고 현실에서는 서로 갈등을 빚고 경원시 하지 않고 서로 대접하며 공존(共存)할 수만 있어도 성공적인 고부관계라 말할 수 있을 것이다.

　"당연히 고부관계가 좋아야 한다!"고 혹 누군가가 생각하고 있다면 이것은 그 사람이 인간관계의 속성과 인간의 자기중심적이고 이율배반적인 일반적 성향을 몰라도 너무 모르는 소치라 생각할 수밖에 없다.

　따라서 고부관계에서는 좋을 것을 당연히 여기기보다는 상처받고 서운하고 손해 본 느낌이 드는 것이 오히려 당연하달 정도로 쉽게 일어날 수 있다는 생각을 가지고 마치 살얼음 밟듯이 조심조심 서로를 아프지 않게 하려는 마음가짐이 기본적으로 필요한 것이다.

　특히 고부 둘 사이는 어떨지 몰라도 자칫 서로의 사이가 힘들고 뒤틀리고 악화되는 바람에 각자의 삶에 있어서 가장 영향력 있고 소중한 존재인 남편(아들)의 마음에 아픔과 상처를 줄 수도 있음을 반드시 염두에 두고 행동해야 한다.

　부부는 세월이 가고 함께 한 날이 많아지고 길어질수록 그 사이가 점점 더욱 가까워져서 차츰 서로의 신체적 심리적 경계마저 흐려지고 하나 되며 영혼의 하나 됨에 이르기까지 계속 가까워져 가야 하는 인간관계라고 할 수 있다. 그런데 이런 경지에 다다름은 자연의 순리처럼 물 흐르듯 이루어지는 것이 아니다. 전심전력을 다하여 서로를 자신이 대접받고자 하는 대로 대접하며 돕는 배필이 되고자 하는 의지적(意志的) 노력으로 일구어 가야 한다.

친구나 일반적 인간관계는 그 사이가 가까우나 지나치지 않아야 함을 명심하고 그 선을 유지하며 상부상조하며 공동의 유익을 추구하여야 할 것이다.

고부관계는 상대와의 관계보다 오히려 더 중요한 부분이 고부관계 또는 장모 사위의 관계를 맺을 수밖에 없는 실마리를 제공한 자신의 삶에 있어서 더없이 중요한 존재인 남편이거나 아내, 또는 딸이거나 아들의 마음이 상하고 상처를 받지 않도록 노력하는 것이 중요하다. 내 마음에 드나 안 드나보다 중요한 것이 "나의 이런 반응을 남편은 어떻게 받아들일까?", "내 아들은 어떻게 느낄까?"를 염두에 두고, 본래 자신이 원해서 능동적으로 직접적으로 이루어진 관계가 아니라 딸이고 아들인, 그 실마리를 제공한 사람으로 인한 수동적으로 이루어진 관계임을 생각하여 '나'를 앞세우는 우(愚)를 범하지 않는 노력이 중요하다.

이 세 가지 형태의 인간관계에 임하는 데에 있어서 적극적이고 긍정적이고 능동적인 자세로 임하여야 함은 공통적인 자세랄 수 있다.

부부는 서로를 향해 공격적이랄 수 있을 정도로 전심을 다하여 상대의 마음에 다가가야 지속적으로 더욱 친밀함의 농도가 짙어지는 영육이 하나 되는 경지로의 방향을 유지할 수 있다.

친구관계에 있어서는 어느 어리석은 자들이 "마누라는 또 얻을 수 있어도 친구는 다시 얻을 수 없다!"라는 얼토당토 않는 말을 마치 무슨 격언이나 되듯이 받들면서 아내보다 친구를 더 소중하게 대우하는 경우를 볼 수가 있다. 이처럼 친구관계를 부부관계보다도 더 소중하게 생각하는 식으로 그 정도가 지나치지 않도록 그 정도를 적절하게 조절하고 좋은 사이가 사소한 문제로 틈이 벌어지지 않도록 적당한 간격을 두고 이 친함의 상태가 잘 유지될 수 있도록 관리를 철저히 함이 관건이라 말할 수 있다.

그리고 고부관계는 처음 만났을 때의 격조 있고 서로에 대해 예의를 다하고 중시하던 마음이 세월이 가며 친숙해짐으로 인해 흐트러져서 그 관계의 기조가 자기중심적으로 발전되어 나가지 않음을 서운해 하는 등의 일그러진 관계로 변질되지 않도록 최선을 다하여 방어해야 하는 것이 중요한 관점이다.

이와 같이 유사하면서도 서로 다른 이런 점들을 유념하는 것이 이 세 가지 유형의 인간관계를 잘 발전시키고 유지하여 행복하고 성공적인 삶을 일구어가는 데에 있어서 가장 중요한 점이라 할 수 있을 것이다.

우리의 삶에 자신이 원하고 원하지 않고 와 상관없이 절대적인 영향을 미칠 수밖에 없는 이런 서로 성격이 다른 인간관계의 성공적인 수립에 있어서 그 이르는 길과 방법은 서로 다를지라도 그 결과는 동일한 것이니 바로 자신과 우리 모두의 행복한 삶이고 성공적인 삶이고 하나님이 보시고 기뻐하시며 칭찬하실만한 우리의 모습인 것이다.

　따라서 좋은 인간관계의 수립과 유지를 위한 노력은 결코 선택의 대상이 아니다. 반드시, 마땅히 서로를 향해 마음을 열어 서로를 행복한 길로 이끌고 세상을 향해 마음과 영혼을 열어 기쁨과 보람을 함께 함으로 우리가 사는 세상을 아름답게 하고 하늘을 향해 마음을 열고 우리를 창조하신 그분이 우리가 어떠하기를 바라시는 지에 영적으로 민감하게 반응하고 그 길로 나아감으로써 하나님을 기쁘시게 하는, 본래 존귀하나 깨닫지 못하여 멸망으로 미끄러져 들어가는 짐승 같은 존재가 아니라, 깨달음으로 본래의 하나님을 닮아 태어난 존귀한 모습으로의 회복을 통해, 하나님의 자녀로서 참다운 행복을 누리며 이 모든 삶의 기쁨을 하나님께 감사하고 찬양하는 삶이 되어야 할 것이다.

문제와 갈등을 지혜롭게 대처하라

뭉그적거리며 벌어지지 않는 눈꺼풀을 손가락으로 벌리고 펴지지 않으려고 발버둥치는 무릎을 살살 달래고 팔로 짚어 도와주며 겨우 겨우 일으켜서 나를 새벽 목자의 삶 시간에 갖다가 앉혀 놓은 것은 해도 해도 너무나 잘한 일, 근자에 들어 보기 힘들게 잘한 일이란 생각이 든다.

이렇게 잠 마귀와 싸워 이기고 새벽 말씀을 들은 일이야말로 칭찬 받아 마땅한 일이란 주장을 나 스스로에게 펴면서 동시에 이렇게 좋고 귀한 말씀은 상대가 듣고 안 듣고 와 관계없이 일단 떠벌리고 이리 저리 널리 소문을 내지 않으면 내가 죄를 짓는 것이란 이상스런 생각이 내 마음을 짓눌러 온다.

비록 며칠 지났지만 오늘이라도 간단명료하게 귀한 말씀의 진수만이라도 전해야겠단 생각으로 펜을 든다.

본능에 의해 지배받는 짐승은 그 생명체 안에서 일어나는 모든 생리, 생화학적 생명현상이 일정한 한 방향 즉, 생존의 가능성을 높이는 쪽으로 작동되게 되어있다. 그렇기에 수백만의 누 떼도 일사불란(一絲不亂)하게 움직이는 것으로 인간의 눈에 비치고 얌통머리 없기로 둘 째 가라면 서럽다 할 사자들도 무리를 이루어 조화롭게 잘 살아갈 수 있는 것이다.

그러나 이성을 축복으로 부여받은 인간들은 그 이성이란 것이 제 나름대로 이리저리 저 마다의 방향으로 작동되기 때문에 인간의 사회에 있어서 일사불란한 조화로운 움직임은 언감생심(焉敢生心) 꿈꾸지도 못할 일이고 '전쟁이나 안 나면 감사하지!' 하지 않을 수 없을 정도로 갈등과 분쟁은 당연히 있을 수밖에 없는 현상이다.

따라서 정상적인 사고의 능력을 가지고 논리적이고 객관적이며 합리적으로 세상을 바라보고 대하며 살아가고 생각할 수 있는 사람이라면 세상살이가 내가 마음먹은 대로 해피하게 돌아가고 상대의 반응이 내가 의도한 대로 흐뭇한 결과를 가져오기를 기대하거나 주장하기보다는 갈등을 대비하고 분쟁이 일어나지 않도록 미리미리 애쓰는 마음을 가져야 한다.

그러나 그럼에도 불구하고 분쟁과 갈등이 발생했을 때는 이를 슬기롭게 대처하고 가급적 손해가 적은 쪽으로, 감정의 골이 깊어지지 않는 쪽으로 지워질 수 없는 상처를 남기는 일이 없도록 갈등을 조절하고 다스리는 능력을 키우는 것이 중요하다.

즉, 갈등은 당연한 것이고 이를 어떻게 대응하는 것이 지혜롭게 대처하는 것일까를 생각하고 배우고 준비하는 것이 중요하다.

그럴 수 있기 위해서 다음의 다섯 가지 원칙을 마음에 깊이 새겨 둘 필요가 있다.

1. **갈등해결에 적극적인 자세를 가져라!** : 갈등을 숨기고, 상대를 비난하고 모르는 척하는 것이 아니라, 우리가 사는 사회는 서로 다른 인격을 가진 사람들의 공동체라는 사실을 기억해야 한다. 누군가가 틀린 것이기 보다 서로 다름에서 비롯되는 문제라고 인식하고, 사랑으로 감싸고 나와 상대의 다름을 인식하고 수용하는 자세를 가지는 것이 중요하다.
2. **무슨 종류의 갈등인지 잘 파악해야 한다!** : 선입견이나 고

정관념으로 갈등과 상대를 보면 갈등이 더 증폭될 수밖에 없다. 좀 더 냉정하게 그 갈등의 정체가 무엇인지를 파악하여 해결해야 할 목표(Target)가 무엇인지를 분명히 해야 갈등 극복의 노력을 효과적으로 바로 그 목표에만 집중할 수 있게 된다. 정복해야 할 목표가 뚜렷하지 않으면 그 목표를 찾아가는 길이 헷갈리게 되듯 갈등의 정체를 분명히 하는 것을 그 무엇보다 우선시 하는 것이 중요하다.
3. **사람의 인격과 의견을 분리해서 생각해야 한다!** : 나와 의견이 다르니까, 너는 나쁘다. 라는 생각을 가지고는 의견의 조율이 이루어지기 보다는 갈등이 증폭되는 결과를 낳게 된다.
4. **갈등이 있을 때는 말하는 것을 조심해야 한다!** : 성질나서 홧김에 한 말 한마디가 갈등 자체보다 상대를 더 마음 아프게 하고 문제해결을 더욱 어렵게 만들 수도 있다. '화가 나서 죽겠는데 무슨 말인들 못해!'는 내가 할 소리가 아니다. 화가 난다고 말을 막 했다가 정작 본 문제는 뒷전이 되고 홧김에 뱉어낸 말 변명하고 뒤치다꺼리 하느라 문제가 더욱 꼬이는 것을 흔히 경험할 수 있다. 따라서 화가 날 때 일수록 오히려 말을 골라 하고 자제해야 한다.
5. **I-message를 사용하라.** : 니가 그러니까 문제가 커지잖아! 식으로 상대를 비난하고, 비판하고, 상대의 잘못된 것을 지적하는 표현보다 "그럴 땐 내가 당황되고 어찌할 바를 모르겠어요!" 식으로 나의 느낌, 마음을 표현하는 것이 상대를 자극하여 경계심을 불러일으키기보다 상대로 하여금 스스로의 언행을 돌아보고 나를 이해할 수 있게 만드는데 더 도움이 된다.

감사하지 않을 수 없다. 항상 하는 이야기이고 항상 하는 생각이지만 다시 한 번 이렇게 깔끔하게 정리하여 가르쳐 주시니 그 중요한 의미가 더욱 분명하게 전해져 옴을 느낀다.

　감사하는 마음으로 현재 갈등을 느끼는 사람들과 앞으로 세상 살며 갈등을 겪을 가능성이 있는 사람들과 그 언젠가의 갈등이 여직 해결이 안 되어 고통 중에 있는 사람들 모두에게 금과옥조(金科玉條)의 귀한 말씀일 것을 확신하며 정리해 본다.

올무

C원장은 오늘 또 한 번 감사한 일을 경험하였다. 환자와 일상적인 진료의 일환으로 대화하는 중에, C원장 스스로의 문제를 깨닫거나 인간 심성의 새로운 단면을 발견하거나 인간관계에 중요한 영향을 미치는 원리를 깨달을 때마다 C원장은 하나님께 감사하는 마음이 들곤 했다.

오늘도 또 다시 인간관계에 중요한 영향을 미치는, 인간관계를 어렵게 만들고 변질시키고 파괴시키는 쪽으로 작용하고, 자신에게는 결코 행복에 가까워지지 못하도록, 하나님을 기쁘시게 하는 피조물일 수 없도록, 발목에 단단히 걸려 있는 올무와도 같은 현상을 발견할 수 있었다.

C원장 : 앉으시죠.(처음 온 여성 환자를 진료의자에 앉도록 안내하며 C원장은 '참 좋은 인상은 가진 인텔리 여성이구나.'라는 생각이 들었다.)

A여성 : 선생님! 너무 힘들어서 찾아오긴 했지만 뭐부터 말해야 좋을지 모르겠네요.(C원장은 A여성이 첫인상에 걸맞게 예의 바르게 말하는 것을 보면서, '참 우아한 멋을 풍기는 여성이구나.'라는 생각이 들었다. 그리고는 그 여성이 손가방에서 무엇인가를 찾는 모습을 보며 평소처럼 휴지를 한 장 꺼내어 내밀며 이야기 했다.)

C원장 : 무슨 얘기든 그냥 떠오르는 것을 말씀하시면 돼요. 조리 있게 말하려고 애쓰지 마시고 그냥 생각나는 대로 말해

보세요. 지금 제일 힘든 문제가 뭐죠?
A여성 : (눈물을 글썽거리며) 잠을 도저히 잘 수가 없어요. 가슴이 철렁하고 내려앉고 무엇엔가 크게 놀라고 쫓기는 사람처럼 계속 심장이 뛰고 벌렁거려서 도저히 잠을 이룰 수가 없어요. 분하고 억울하고 이럴 수가 있나 라는 생각에 부들부들 떨리기도 하고요.(조신하고 침착하게 이야기하려는 노력이 여실하다. 억지로 북받쳐 터져 나올 듯한 울음을 참으려고 그러는지 입가에 잔 경련이 일면서도 차분한 말투를 유지한 채 흐르는 눈물을 입가에서 닦아내며 조근 조근 말을 이어가고 있다. C원장은 연신 여인의 눈치를 보아가며 휴지를 꺼내준 것이 벌써 여러 장인데, A여성의 하소연은 점점 발동이 걸려 가속도가 붙듯 쉼 없이 이어지고 있다. 한참을 귀 기울이고 집중하여 들은 내용을 대충 정리하면 이런 것이었다.

한국에 있을 때부터 알던 B군은 자신보다 몇 살이나 어려서 자신을 누나라고 부르며 잘 따랐다. 착하고 좋은 동생으로만 대했던 B군은 보면 볼수록 침착하고 참을성 있고 이해심 많고 너무나 의젓하고 나이는 어려도 어떻게 보면 좋은 이해심 많은 동료나 때로는 오히려 오빠 같은 느낌을 주기도 하였다.
그러던 중 자신이 실연의 아픔을 겪을 때 옆에서 진솔하고 성실하게 자신을 위로하고 도와주며 모든 어려움을 다독거리고 따스하게 품어주는 그가 어린 동생에서 어느새 남자로 느껴지게 되었다. B군도 역시 A양의 마음을 느꼈는지 둘은 자연스레 누나 동생에서 "자기야!"로 부르는 이성 친구 사이로 변화하게 되었다.

문제는 그리고 난 다음부터였다. 그렇게 점잖고 침착하며 온갖 이야기를 다 들어주던 B군이 언제부터인지 화를 내게 되면 스스로를 통제하지 못하고 도에 넘치는 격한 행동과 심한 욕설을 동원하며 난폭하게 변하는 것이었다. 신체적인 폭행을 가하진 않아도 상상하기 어려운 상스러운 말을 하는 것이었다. 자신은 아무리 화가 나도 그런 상식 이하의 용어는 선택하지 않는데 말이다.
　전에는 자신이 속이 상하거나, B군의 행동이나 말투가 심지어 생각하는 것까지도 자신이 싫다고 하면 즉시 바꾸고, 하라면 하라는 대로 군말 없이 순종하고, 심지어 내가 막 짜증내고 히스테리 부릴지라도 따뜻하게 다 받아주던 그가, 친구가 되고 연인이 되고 결혼을 약속할 정도로까지 가까워진 그 어느 날 부터인가 그전이라면 절대로 있을 수 없고 예상할 수도 없었던 행동이나 막말을 흥분하면 내 뱉곤 한다는 것이었다.
　'물론 내가 다소 일방적으로 남자 친구의 문제를 지적하고 내가 원하는 식대로 생각하고 행동할 것을 지시하고 내 요구대로 하지 않으면 짜증 부렸던 점이 있는 것은 인정하지만 그렇지만 그 전에 알고 지내는 정도였을 때보다는 조금 더 심한 것도 이제는 결혼까지 약속한 마당이니 당연히 참아줄 수 있어야 하는 것 아닌가?'라는 생각을 A여성은 갖고 있었다.

　여인의 가족들은 B군과의 관계를 달갑지 않게 여기고 반대가 심했다. 가족들은 B군을 봐도, 인사를 해도 본 척도 안 하고 들은 척도 안하고 그의 존재를 알아주지 않았다. '그렇지만 나이도 어린 B군이 공부로 보나 인물로 보나 사회적 역량과 위치로 보나, 자신만한 여자 얻으려면 그런 정도의 어려움과 모멸(侮蔑)은 감수해야 할 것 아닌가?'라고 A여성은 생각하고 있었다.

그렇다 보니 데이트를 하고 집에 들어와 이야기하면 엄마나 언니가 이런저런 지적하고 편잔할 때, 문자나 전화로 집 식구들의 반응과 생각을 이야기해주고 고치라고 좀 일방적으로 이야기하긴 했지만 자신과의 사랑을 성사시키기 위해서라면 여자 집안의 비판에 민감하게 그리고 적극적으로 수용하는 자세를 보이며 여자 쪽 가족 마음에 들게 행동하는 것이 당연한 것 아니냐고 생각하는 것이었다.

그러다 어느 날인가는 데이트 후에 집에 와서 "아까 데이트 시의 네 행동은 좀 고쳤으면 좋겠어. 언니가 마음에 들어 하지 않더라."라고 문자했더니 세상에나 어디서 그런 욕을 배웠는지 막말 쌍스러운 말로 욕하며 "너나 그 잘난 식구들과 잘 먹고 잘 살아라!" 하고는 관계가 깨져버렸다는 것이었다.

A여성 : 너무 마음이 아팠어요. 하루도 울지 않은 날이 없고 강의하다 말고 잠깐 화장실 가서 북받치는 울음을 추스르고 들어가 겨우겨우 강의를 마친 적이 한두 번이 아니에요. 생각할수록 화가 치밀고 배신감이 솟구치고 아니 지가 나한테 어떻게 이럴 수가 있어 하는 생각에 자다가도 벌떡 일어나 밤을 씩씩대며 지새운 적이 한두 번이 아니랍니다.

C원장 : 앞으로도 좀 더 이야기가 되어 질 필요가 있겠지만 지금 말씀을 들으면서 강하게 드는 생각은 그 B군이 참 힘들었겠구나 라는 생각이네요.

A여성 : 네? B군이 힘들었을 거라구요? 선생님! 아니 그게 무슨 말씀이세요? 내가 B군을 얼마나 사랑하고 좋아하고 잘 해줬는데요. 어떻게 지가 나에게 그런 험한 말을 쓸

수가 있어요?

C원장 : 술 먹고 아내를 폭행한 사람을 가해자라 하고, 매 맞은 아내는 피해자라고 통상 여기지요.

A여성 : 네. 당연한 것 아닌가요?

C원장 : 상대가 화낼 것 뻔히 알고, 그 상대가 화나면 물 불 못 가리고 안 가리는 성격인줄 알면서 살살 약 올리고 핀잔주고 남자 구실도 제대로 못하고 돈도 못 벌어 오는 주제에 수청은 만날 들라니 내가 무슨 기생이냐 라고 상대의 화를 돋우었다면, 아픈 상처 들쑤심 당해 아프다고 몸부림치며 휘두른 팔에 맞은 그 아내는 피해자 입니까 아니면 가해자 입니까? 그 사람이 화내고, 욕하고, 폭력도 쓰고 지랄발광을 했으니 가해자인가요, 아니면 미숙한 인격에 충격을 받아 본의 아니게 미숙함이 송두리째 드러나게 된, 인격이 발가벗겨지는 수치를 당한 피해자일까요?

A여성 : "······"

C원장 : 지금 말씀하시는 것을 들어볼 때 두 분 다 좋은 분이라 생각되고 서로 많이 좋아하는 것이 틀림없다 여겨지네요. 하지만 남자 분은 제가 만나 뵌 바가 없어 무어라 말하기 어렵지만, A님이 상당히 일방적이라는 느낌은 지울 수 없는데요.

A여성 : 네! 인정합니다. 제가 그런 면이 있어요. 아뇨. 그런 면이 아주 강해요. 제가요. 그 B군도 화날 때 그런 말을 여러 번 했어요. 제발 자기 말도 좀 들어달라고요. 지금 생각해 보면 그때 저는 제 행위가 당연한 것만 생각했지, B군이 자존심이 상하고 마음에 상처를 입고, 나는

말할 것도 없고 그를 무시하고 못마땅해 하는 우리 엄마 언니 눈치 보느라 너무 마음 아팠을 것 같네요.(A여성은 자신이 행해왔던 그 모든 것이 상대에게 얼마나 큰 아픔을 주었는지를 비로소 느끼는 것 같았다. 흐르는 눈물을 주체하지 못하고 면담초기에는 의사가 내미는 휴지도 조심스레 받더니, 이제는 손을 내밀어 달라는 제스쳐를 취하며 소리는 안내지만 펑펑 울고 있었다.)

다음 진료 때였다.

C원장 : 그동안 어떠셨나요?
A여성 : 네. 돌아가서 곰곰이 지난날을 돌이켜 보며 많은 생각을 했어요.(눈물을 글썽이며 손은 자연스레 주는 휴지 받을 모션을 취한다.) 생각해 보니 제가 너무너무 잘못 했더라구요. 혼자서만 힘들고 분해하고 답답해했을 B군을 생각하니, 너무 미안하고 불쌍하고 죄책감이 들어 견딜 수가 없었어요. 도저히 그냥 있을 수가 없어서 만나자고 했더니 다행히 나와 주더라고요. 울면서 잘못했노라고 고백했어요. 다시 잘해보자고 애원했어요. 진심으로 사죄하고 용서를 구하고 관계가 회복되기를 원한다고 했어요. 그런데 그럴 수도 있을까요? 너나 그 잘난 식구와 잘 살아라 하면서, 꺼져 버려! 하는 것이었어요. 이럴 수도 있나요. 나는 울면서 사죄를 하고 용서를 구하는데 어떻게 그 얼굴에 대고 꺼져 버려 란 말이 나올 수 있죠?(하염없이 눈물을 흘리며, 그러나 흐트러진 모습을 보이지 않으려고 조심함이 역력히 느껴지는

몸가짐으로 조근 조근 상대의 몰상식하고 무정한 응대에 대하여 섭섭함을 토로하고 있었다.)

C원장 : 별 생각 없이 끼얹긴 뜨거운 물에 데었다고 난리 법석 떨며 욕하는 상대에게, 그깟 것 가지고 남자가 치사하게, 날 사랑한다면 미처 모르고 한 내가 얼마나 놀라고 미안해할까를 생각하고 위로는 못해줄 망정 그깟 일로 동네방네 떠들썩하게 소란을 피우니 하고 돌아섰다가 생각해 보니 자기가 해도 너무 잘못 했구나 라는 자각이 들어, 내가 오늘 다른 데에서 이득볼 일 있음도 마다하고, 만사 제쳐놓고 쫒아가서, 그 데여서 아픈 팔 덥석 잡고, 아이고! 내가 무슨 일을 저질렀는지 모르겠소! 집에 가서 며칠 지나 문득 생각해 보니 내가 못할 짓을 했더구려. 이제 생각하니 내가 참 미안하오. 부디 날 용서하고 아퍼하지 마시오 하면 그 상대가 아이고 무슨 말씀이십니까? 괘념치 마십시오. 이까짓 것은 아픈 것도 아닙니다. 별것 아닌 것 가지고 괜한 마음고생이 크셨습니다! 라고 할까요, 아니면, 에이 쌍! 그 손 못 놔? 하며 아이고 아파라! 아직도 진물 나는 상처를! 찾아오지나 말지, 왜 찾아와서 붙잡고 흔들어 겨우 갈아 앉으려 하는 통증에 불 싸지르고 난리야! 하고 화내겠습니까?

A여성 : 무슨 말씀인지 알겠습니다. 이것도 또 내가 일방적으로 행한 것이었군요. 일방적인 바람에 꼬인 관계를 회복한답시고 상대의 형편과 상태는 고려하지 않은 채 또 일방적으로, 내 생각대로 행동했군요. 머리로는 알 것도 같은데 그래도 그 꺼져버려! 란 말과 그 모습이 안 잊혀지네요.

일방적인 성격이 인간관계를 어렵게 만들고 변질 시키고 파괴에 이르게 하는 아주 교묘한 사탄이 즐겨 쓰는 함정이고 자신의 삶이 행복한 가운데 그 기쁨을 하나님께 찬송과 찬양으로 영광 돌려 하나님을 기쁘시게 하고 인간으로 창조된 피조물의 마땅히 행할 바를 행하지 못하도록 발목을 꽉 붙잡고 있는 올무임을 A여성이 바로 깨달아 하루속히 '일방적 성격'이란 사슬에서 벗어날 수 있기를 하나님께 간구하였다.

C원장 자신도 최근에 들어서야 자신의 지독스레 강력한 일방적 성향을 깊이 깨달을 수 있었음을 다시 한 번 되돌아보았다. 그리고 깨달음으로 인도해준 영적 지도자에게 고마움을 느끼며 새로운 삶으로의 깨달음을 허락하신 하나님께 감사하는 마음으로 진료실을 나서는 A여성을 배웅하고 있었다.

짐승은 짐승이어서 불행해하지 않는다

'개똥밭에 굴러도 이승이 낫다!'는 속담은 우리네 인생의 속마음을 제대로 솔직하게 표현한 말이란 생각이 든다. 그러기에 유명 병원, 유명 의사가 깃발을 날리고(?), 남의 나라에 와서 까지 치료받는 사람들이 넘쳐나고 중환자실이 모자란다고 아우성인 것 아닐까? 그러나 그렇다고 해서 개가 텃밭에 똥 싸고 뒹굴듯 어떻게든 어떤 삶의 모습이든 살아만 있으면 좋다는 의미는 아닐 것이다.

'이 산 자의 세상에 그래도 남아 있을 수 있어서 낫다!'라는 생각이 가능하기 위해서라면 보람 있는 인간다운 삶을 일구고 아름다운 사랑의 관계를 맺고 소통하며 행복을 누리는 삶일 수 있어야 할 것이다.

살아 있는 생명체의 궁극의 목표는 생명의 유지에 있다. 인간도 마찬가지여서 생리적인 모든 현상은 생명 현상이 유지되기 위해서라면 절대적으로 필요한 '항상성(恒常性)의 유지'에 맞춰져 있다. 즉, 생명의 유지, 생존 상태의 유지에 초점이 맞춰져 있는 것이다. 이것을 다른 각도에서 생각해 보면 생명의 유지, 생존 자체가 가장 중요한 가치인 것은 자연세계의 수준이고 생물의 수준이고 동물의 수준인 것을 의미한다고 볼 수 있다.

그러나 모든 생명체가 다 똑같이 생명을 유지하고 생존상태에 머물러 있는 것이 최고의 가치이기만 한 것은 아니다. 인간처럼 포유동물로서의 수준, 생명이 유지되는 것이 목표가 아니라 그 살아 있음을 딛고 일어서서 사는 자(者)로서 가치와 보람을 추구하는 삶을 일구어가고 이웃을 행복하게 하고 세상을 아름답게 바꾸며 하나님을 기쁘시게 하기 위해 그 목숨까지도 바칠 수 있는 존재도 있다. 동물의 생존상태에서는 찾아볼 수 없는 동물들의 생존 모습과는 판이하게 다른, 자연(自然)의 법칙(法則)으로는 도무지 설명할 수 없는 구석이 아주 많은 독특한 인간이라는 존재도 있다.

인간은 자연 가운데 존재하나 인간의 삶은 여타의 동물들에서 볼 수 있듯이 자연의 여러 가지 현상중의 하나로서가 아니라, 자연현상과는 확연히 구별된 존재로서 생존상태가 끝이고 바라는 바의 정점인 것이 아니라 그 생존상태를 딛고 서서 그 생명현상을 자연계에서는 그 어느 누구 무엇에서도 찾아 볼 수 없는 자유의지라는 천혜(天惠)의 능력이 있어서 이 자유의지로 살아있으며 만나고 조우하는 온갖 상황과 조건들을 자신의 뜻에 맞게, 뜻대로 요리하며 동물의 세계에서는 결코 볼 수 없고 상상할 수 없는 인간만이 가능한 목적을 추구하고 이루어가는 삶, 더 나아가 목적이 이끄는 삶을 일구고 펼쳐갈 수 있는 존재이다.

따라서 인간에게 있어서의 생명유지는 최상의 가치가 아니라 그 최고의 가치를 창출하기 위한 발판, 즉 딛고 서기 위해 발에 밟히는 땅 정도의 의미인 것이다.
인간은 멸망으로 나아가는, 소멸(消滅)로 향하는 자연에 존재하는 모든 것(物)들의 흐름과는 달리 스스로가 존귀한 피조물로 창조주의 형상을 닮아 창조되었다는 사실을 깨달아 존귀한 자로서의 삶을 회복하고 일구어 낼 수 있는 존재인 것이다.

세상 만물은 스스로 자신의 격(格)을 정할 수 없다. 단지 자연의 법에 따른 자연현상으로서 주어진 형태(形態)와 현상(現象)으로서의 격(格)에 머물러 존재할 수밖에 없다.

그러나 인간은 자연의 법에 따른 현상으로서의 존재가 아니다. 자연 속(內)에 있으나 그 자연에 속(屬)하지 않은 존재가 인간이란 존재이다. 인간은 자연에 의해서 주어진 상황과 환경과 조건에 순응만 하는 것이 아니라 능동적으로 자연현상에 변화를 줄 수도 있는 존재이다. 자신만의 인간다운 삶과 가치를 창출해 낼 수 있는, 스스로의 삶에 격(格)을 부여하고 그 격(格)을 높여 나아갈 수 있는 존재인 것이다. 다시 말하면 자신이 본래 존귀한 존재로 창조되었다는 사실을 깨달을 수 있느냐의 여부에 따라 자연(짐승)일 수도 아닐 수도 있는 존재가 사람이란 존재이다.

즉, 자연에 속한 존재가 아닌 인간이란 특별한 존재로 스스로를 인식하고 그런 인간으로서의 삶을 열어가기 위해선 자신의 존귀함을, 인간이 자연의 현상들과는 본질적으로 태생적으로 다른 신성(神性)을 지니고 태어난 존재라는 것에 대한 깨달음이 있어야 한다. 그리고 인간이란 존재가 존귀한 자일 수 있기 위해 행하지 않으면 안되는 마땅히 행할 바를 행하는 것이 수반되어야 한다.

개똥밭에 구르고 있으면서 단지 살아 있다는 사실, 생명현상이 아직 멈추지 않고 작동되고 있다는 것만을 근거로 존귀한 자임을 자처하는 것은 어불성설이고 어색하고 사리에 맞지 않는 허구일 수밖에 없고 그것을 고집하면 할수록 공허해질 수밖에 없는 것이다.

여기에서 아주 중요한 원리를 발견하게 된다.

짐승은 자기인식(自己認識)이란 축복받은 영성(靈性)이 없는 그냥 여러 가지 자연 현상 중의 한 종류인 단지 생명이 있어 움직일 수 있는 자연현상일 뿐이라는 사실이다.

따라서 바위가 바위임을 인식하고 바위 따위로 머무르기를 거부하지 않고, 새가 새인 것을 비관하거나 원망하지 않고, 세균이 "왜 하필 나는 생겨나도 세균이란 악독한 것으로 생겨나서 살아있는 것들을 아픔과 죽음으로 몰고 가는 악역을 담당할 운명이란 말인가?"라고 자신의 기구한 팔자를 한하며 자신의 운명을 탓하고 원망하지 않고, 물이 높은 곳에서 낮은 곳으로 떨어지며 부서질 때 아프다고 외치지 않고, 바람에 나뭇잎이 흔들리고 찢겨도 아무런 불평불만 호소하는 일 없이 그냥 그대로이듯, 자연의 한 현상으로 있는 것이고 존재할 뿐이라는 사실이다.

그러나 사람은 이성(理性)과 자유의지(自由意志)란 자연세계에서는 찾아볼 수 없는 특별한 기능과 능력을 본래 가지고 태어난 관계로 자신이 짐승처럼 단지 존재하는 수준에 머물고 있다는 것을 즉, 인간이란 동물로서 자연계에 존재하고 있을 뿐이라는 사실을 일부러 영성을 계발하고 발휘하지 않아도 어렴풋이나마 감지하고 인식할 수 있다.

그렇기 때문에 인간다운 인간이고자 하는 깨달음의 과정과 그 과정을 통과하는데 수반되는 고뇌와 갈등과 아픔은 거부하면서도 짐승 수준의 자연현상에 머물러 있는 자신의 현실은 느낄 수 있는 능력이 태생적으로 갖추어져 있는 존재인 것이다. 그렇기에 스스로 인간다운 인간이 되려는 깨달음의 고통을 감내할 것은 거부하면서도 인간답지 못하고 짐승 수준(水準)에 머물러 있는 자신은 마음에 들어 하지 않고 받아들이기는 싫어하고 거부하고 그런 자기 자신을 부인하는 행태를 보이곤 하는 것이다.

　짐승은 스스로 자신이 짐승임을 자각하고 인식하지 못한다. 따라서 짐승인 현실을 불행해하지도 않고, 그냥 자연의 흐름대로 생존하고 본능대로 움직여지다가 생명현상이 중단되면 그냥 죽음이라는 상태로의 변환이 일어나는 것일 뿐이다. 그리곤 그 주검도 시간이 흐르며 부패와 소멸로 사라질 뿐이다. 그러나 인간은 감춰질 수 없는, 본래 태어날 때 이미 부여받은 영성으로 인해 자신의 짐승스러움을 인식하게 되고 거부감을 느끼고 그런 처지의 자신의 현실을 불행으로 느끼게 된다.
　그렇기에 보람을 일구어내고 가치를 추구하기 위한 좁은 길은 힘들 것 같다는 이유로 거부하고, 심신의 편안과 안녕(Well Being)상태의 달성과 유지를 위해, 생존의 유지를 위해 몸부림치고 온갖 정성 다하여 애쓰면서 다시 말하면 온갖 정성을 다하여 짐승 수준의 생(生)을 붙잡고 집착함으로 인해서, 그럴 수 있어서 보람과 포만과 행복과 평안을 누리기보다는 불안과 불행을 느낄 수밖에 없는 것이다.

　본래 짐승이 아니어야 할 존재가 깨달음을 통해 본래의 존귀함을 회복하려 하기보다 격(格)에 맞지 않는 생존의 유지란 짐승 수준 유지하기 위한 노력만을 하고 있으니, 비록 편안(便安)은 확보했을지 몰라도 만족과 보람과 행복과 영혼의 평안(平安)은 있을 수가 없는 것이다.

　<산 자의 땅에 있음이여!>라는 글을 대하며 산 자의 땅에서 나는 과연 살고 있는 자인가 아니면 단지 생존에 급급해 하고 있는 자인

가를 생각해 본다.

"존귀하나 깨닫지 못하는 자는 멸망하는 짐승과 같도다!"라는 말씀을 상기하며 나는 짐승같이 살며 스스로 멸망으로 미끄러지고 있는 것은 아닌지를 되돌아본다.

짐승은 그나마 자신을 바로 인식할 능력이 본디 없어 스스로 짐승인 것을 불행해 하지는 않을 수 있는데, 나는 귀한 기회를 외면하고 스스로 짐승 되어 불행을 쫓아가며 불행만을 곱씹고 있는 것은 아닌지를 돌이켜 본다.

나는 누구인가? 집중(集中)의 사람인가 집착(執着)의 사람인가?

　집중(集中)과 집착(執着)은 비슷한 겉모습을 지녔으나 그 내용은 전혀 다르고 그 결과도 극과 극으로 다를 수밖에 없는 경향이고 성향이고 성격의 산물이라 말할 수 있다.
　집착과 집중은 두 가지 모두 우리 삶에 있어서 큰 변화와 결과를 가져오는 대단히 강력한 능력을 발휘하는 힘이란 관점에선 동일하다.
　다만 집착은 불행을 가져오고 집중은 행복을 낳는 것이 다른 것이지만.

　'내려놓음'이란 책이 베스트셀러가 된 적이 있다. 주님 앞에 자신의 자아를 내려놓고 십자가 아래 우리의 욕심과 죄 된 모습을 내려놓고 새 사람 입어 새로운 삶으로의 변화가 일어날 수 있게 자극하고 도전을 주고 큰 깨달음을 준 말이 '내려놓음'이란 단어이다.
　'내려놓음'이 너무 좋은 말이라, 너도 나도 이런저런 경우에 자주 쓰다 보니 마치 유행어처럼 된 면도 있고 그렇다 보니 무엇을 내려놓는다는 것인지 그 내려놓음의 의미가 무엇인지에 대한 생각은 없이 그냥 쓰는 그럴듯한 말이 되어버린 느낌을 주기도 하는 말이다.

　상담 중에 특히 그런 헷갈림을 경험할 때가 있다. 자녀와의 갈등이 있어서 온 경우들을 대하다 보면 공통적으로 발견하는 것이 있다. 엄마들의 욕심이다. 아이들을 자신의 생각과 기준에 맞도록 사육(飼育)하는 태도들이다.

　최선을 다하는 것은 기본이고 경우에 따라서는 무리를 하면서까지, 자신의 사회경제적 능력의 범주를 벗어나면서까지 자녀를 위해 온갖 정성을 다 바치는 모습을 보인다. 그런데 그런 정성과 노력이 아이의 인격이 바르게 성숙할 수 있도록 돕는 것에 초점이 맞춰지는 것이 아니라 엄마가 원하고 필요한 것을 아이가 갖출 수 있게 만드는 것이라 생각되는 것에 초점을 맞추고 있는 경우가 많다. 즉, 아이의 인격함양(人格涵養)보다는 생존능력을 키우고 사회생활에 필요한 지식과 기술을 습득하는 것이어서 결과적으로 비싸게 팔려나갈 수 있는 상품 만들고자 사육하는 것이 목적이라고 여겨지는 경우이다. 이럴 경우 엄마의 노력이 얼마만큼 헌신적이었는가와 상관없이 이것은 자식을 훌륭한 인간이 되도록 도와주고 키우는 양육(養育)이 아니라 값 비싸게 받을만한 좋은 상품 생산하고 일등 가는 한우 사육하는 것과 다르지 않은 것이다.

　마음을 다하여 사랑하는 것이 아니라, 온갖 정성을 다하여 사육하는 것이다.

　이런 점을 지적하고 아이에게 스스로 시행착오를 극복할 수 있도록 자율의 범주를 넓혀주라고 권유하면 "그럼 그냥 제 멋대로 하게 내버려두라고요?"라고 되묻는 경우를 흔히 접할 수 있다.

　집착은 정작 중요한 점 즉, 사안의 본질을 못 보고 못 듣게 한다. 귀도 막고 눈도 멀게 하여 중요한 본질은 안 보고 비본질적인 부분만을 붙잡고 매달리게 만든다. 그 결과 일을 그릇되게 하고 인간관계가 뒤틀리고 어긋나 갈등이 창궐하게 만든다.

집착은 있는 것은 당연한 것으로 치부하며 "그딴 것도 없는 사람이 어디 있어?"식으로 반응하게 만들며, 있는 것은 안 보게 하고 없는 것 모자라는 것만 열심히 보게 만들어 "이 정도도 없으니 살면 뭐해!"식으로 자신의 삶을 불행한 것으로 인식하게 만든다.

집중은 볼 걸, 봐야 할 것을 보게 하고, 사안의 본질을 깨닫게 하고 경청(傾聽)하는 태도를 유지할 수 있게 함으로써 상대로 하여금 존중받는 느낌을 갖게 해준다. 따라서 인간관계가 회복되고 아름다운 관계로 성숙하게 되며 필요한 것이 다소 모자라지 않은 것은 아니지만 그래도 다만 얼마라도 있는 것을 보게 하여 "보리 농촌에서 이게 어디야!"라고 좋아하며 자신의 처지를 어려움 가운데에서도 있는 것을 보며 감사하고 자족(自足)할 수 있는 마음의 터전을 이루어 삶을 행복에 이르게 해준다.

집중, 집착 두 가지 특성은 모두 대단한 능력임에는 틀림없으나 그 궁극에 이르렀을 때의 모습이 행복과 불행, 살아서 천당과 지옥에서의 삶을 경험하게 할 만큼 천양지차(天壤之差)를 보이니 집중과 집착을 분별하여 행함이 그 무엇보다 중요하다 할 것이다.

바른 삶을 원하고 표류(漂流)가 아닌 항해(航海)하는 보람된 인생길을 열어 나아가고자 한다면 스스로에게 자주 물어봐야 할 것이다.

"나는 집중(集中)하고 있나 아니면 집착(執着)하고 있나?"를.

습관(習慣)이 중요한 이유

'처음에는 내가 습관을 만들지만 나중에는 습관이 나를 만든다!'

내담자들과 이야기를 나누다 보면 문제가 되는 행동들, 예를 들자면 술 마시고 한 실수나 성질나서 아내를 한 대 쥐어박는 바람에 일어난 곤경이나 짜증나는 바람에 애들 때리고 난 뒤 후회하는 상황에서 하나같이 하는 말은 "화가 나는 바람에 나도 모르게 그랬어요!"라는 말이다.

저지른 잘못된 행위와 결과에 대하여 대단히 잘못된 사실이라는 점은 인정하고 공감하나 그 일이 일어난 것은 자신의 의사(의도)와는 전혀 상관없이 자기도 모르게 습관이란 어떤 나쁜 힘이 자신을 그렇게 행동하고 반응하게 만들었다는 식으로 자신의 행위를 설명하고 변명하는 것을 자주 접하게 된다.

그런데 여기에서 절대로 간과(看過)하고 넘어가서 안 되는 중요한 것이 있으니 그 자기도 모르게 발동되는 바람직하지 못한 습관이 스스로의 작품이고 발명품(發明品)이라는 점이다. 바로 이러한 사실을 인식하고 수긍하는 것은 면담이 여러 차례 진지하게 진행이 되어 한참 씨름을 겪으며 자신을 들여다볼 수 있는 통찰력을 얻어 깨달음의 지경에 다다랐을 때에나 있을 수 있는 반응이고 대부분은 "그러니까 나는 책임이 없고, 그 나쁜 습관이 책임질 일이에요!"라는 식으로 자신과는 상관없는 어떤 힘이 책임질 일이라고 생각한다.

"그렇게 생각하고 싶어 한다."는 말이 더 정확한 표현일지도 모르겠다.

'처음에는 내가 습관을 만들지만 나중에는 습관이 나를 만든다!'는 말을 대하며 '처음엔 사람이 술을 먹지만 나중에는 술이 사람을 먹는다!'는 말이 떠오르며 자신의 문제를 '그땐 진짜 그럴 수밖에 없었어요!' 식으로 자신만의 논리를 동원하여 설명하려 애쓰는 것이 아니라 나도 모르게 한 그 행위도 내가 행한 것임을 자각하고 수용하여 다시는 그런 일이 일어나지 않도록 나쁜 습관을 버리고 좋은 습관을 새롭게 들여 좋은 성품의 사람이 될 것을 결단하고 실행하는 것의 중요함을 다시 한 번 깨닫게 된다.

'습관이에요!' 하고 슬쩍 넘어가는 것이 아니라 습관이야말로 나의 삶의 성패를 가르는 관건임을 받아들이고 좋은 습관을 들이도록 노력해야 할 것이다. 그러면 그 좋은 습관이 나중에 나를 좋은 사람이 되게 하여 나도 모르게 실수하고 나쁜 짓 하는 것이 아니라, 나도 모르게 좋은 일하고 이웃을 행복하게 하고 세상을 아름답게 만드는데 기여하게 되고 그런 모습이 하나님을 기쁘시게 하는 아름다운 결과를 낳을 수 있게 될 것이다.

어린아이에게라도 배운다와 어린아이도 어른을 가르칠 수 있다는 다르다

맞고 틀림, 옳고 그름에는 본질적으로 문제인 것과 양적 상대적으로 문제인 것이 있을 수 있다.

도둑질은 바늘 도둑이나 소도둑이나 다 똑같은 도둑이라는 본질적인 측면에서 그 사안을 보고 접근해야지 양적으로 접근하여 '그깟 바늘 하나 훔친 것도 도둑이란 말이냐?'라는 식으로 상대적인 측면에서 접근하면 세상에 제아무리 흉악한 범죄도 더 심한 경우와 비교했을 땐 작고 미약하기 짝이 없는 것이 되어 정의와 진리가 바로 설 수 없게 된다. 살인을 하고도 "누구는 수만 명을 죽이고도 영웅 대접 받았는데 나는 내가 생각하는 정의를 위해 그깟 몇 명 죽인 게 무슨 큰 죄란 말인가?"라고 항변할 수 있는 왜곡된 논리의 근거를 제공하게 된다.

이런 관점에서 요즈음의 세태를 바라볼 때 참으로 많은 경우들에서 이 본질적인 문제와 상대적으로 있을 수 있는 문제의 구분을 헷갈려 하면서도 자신이 생각하는 것이 마치 절대선(絶對善)이고 자신의 행위가 절대적으로 당연한 것인 듯 외치고 행하는 경우를 볼 수 있다.

나라의 정책을 수립하는 기준에서부터 매스컴에서 계몽을 한다면서 캠페인을 벌이는 일에 이르기까지 본질적으로 접근해야 할 사안을 상대적 또는 편의위주로 내지는 경제논리로 접근하고 있는 것들을 흔히 볼 수 있는 세상이다.

그래서 계몽 대상이 되는 문제의 심각성보다도 훨씬 더 크고 심각한 본질적 오류(誤謬)를 무감각하게 범하는 것을 경험한다.

그중 하나라고 생각되는 것이 '아이에게서라도 배울 것은 배워야 한다!'라는 말이다.

이런 생각은 지극히 당연한 것이다. 스스로를 통찰(洞察)하여 자신의 잘못된 문제를 발견하고 어린아이로부터일지라도 깨달을 만한 것을 발견하였을 때, 아이라고 무시하고 "어린아이한테서 어른이 뭘 배운단 말이야!"라는 왜곡된 고정관념(固定觀念)을 벗어버릴 수 있는 심성을 갖춘 어른이 할 수 있는 생각일 것이다. 배우고자 하는 마음자세를 갖고 바라볼 때는 삼라만상(森羅萬象)이 다 스승일 수 있는 것이다.

그러나 그렇다고 '아이도 어른의 잘못을 지적하고 꾸짖고 훈계하고 바른 길을 가르칠 수 있다!'는 아닌 것이다. 사람이 개가 하는 짓을 보고서도 깨달아 배울 수는 있지만 개가 사람을 가르치려 들 수는 없듯이, 아이들이 어른을 꾸짖고 가르치려 드는 것은 패륜적(悖倫的) 발상이고 있어선 안 되는 발상인 것이다. 이는 도덕관념(道德觀念)에 혼란을 불러오고 인륜의 위계질서(位階秩序)가 무너지는 발상인 것이다.

그러나 요즈음 세상에는 아이들이 어른의 문제를 지적하고 마치 준엄하게 꾸짖는 콩트를 불특정 다수에게 거리낌 없이 드러내 보이며 그렇게 하는 것이 마치 잘하는 짓인 줄 착각을 하는 것인지 아니면 광고를 통해서 도덕관념이나 인륜의 위계질서가 깨지든 말든 돈이나 벌고 보자는 생각에선지, 일부 몰지각한 어른들의 무책임한 생각과 행동에 기인한 것인지, 헷갈리긴 하지만 아무튼 그런 패륜적 발상이 난무하는 것을 흔히 볼 수 있다.

그리고 이와 같이 어른들도 잘못하면 자신이 야단치고 가르치고 꾸짖을 수도 있고 그러는 것이 마치 당연하다는 식으로 생각하는 지극히 싸가지 없는 패륜에 가까운 발상과 표현과 행동을 거침없이 드러내는 아이들이 도처에서 눈에 띄는 세상이다.

어른이 잘못할 수 있다. 그 잘못을 아이가 답습하여 잘못된 길로 갈 수 있다. 이는 반드시 바로 잡히고 바로 세워져야 할 일임에 분명하다. 그렇다면 이것을 아이가 가르쳐 바로 잡을 것인가 아니면 또 다른 어른, 이 시대의 현자(賢者)가 바로 잡아야 할 어른들의 일인가?

아이가 어른을 가르쳐 그 사안에 대하여는 효과를 보았다손 치더라도 그 아이가 그 다음에 그 자신에게 가르침 받은 어른으로부터 어른으로서의 말과 조언과 권고와 가르침과 명령에 반응하고 경청하고 감동하고 때로는 어른이 하는 권고나 또는 명령에 아이의 생각과 감정이 공감되고 이해되지 않음에도 불구하고 순종할 수 있을 것으로 생각하는가?

아이는 아이인 것이다. 아이는 아직 생각과 지혜가 성숙에 이르지 못하였기에 아이인 것이다. 아이가 어른을 가르치는 것이 용납됨을 지나 장려됨이 그 아이가 배우고 따를 만한 어른을 그 아이에게서 박탈(剝奪)하는 것과도 같은 사회적 심리적 현상을 초래한다고 생각되지 않는가?

아이의 반응에서 배우는 것도 어른이고 아이의 세상 물정 모르고 즉흥적이고 미시안적인 아직 미성숙한 관점에서 하는 입빠른 소리를 제어하고 가르치고 다독이며 그 속에 들어 있는 어른이 반드시 알고 이해하고 배려하지 않으면 안 될 이 시대의 청소년이나 어린

아이들이 현실적으로 부딪치고 경험하며 어려움과 혼란을 겪고 있는 문제에 대하여 배려하고 받아줄 것은 받아주고 유효적절하게 반응하는 것도 어른이 해야 할 몫인 것이다.
　이러한 것은 절대적으로 포기해서도 안 되고 더더구나 당대의 상황적 흐름에 압도되어 포기당해서는 결코 안 되는, 당대의 사회를 담당하고 있는 어른들의 책임인 것이다. 이것이 이 시대를 책임지는 어른의 바른 자세이다.

　아이에게 배운다고 떠들며 아이를 어른 위에 올려놓아 아이에게서 어른을 박탈하는 사람들이야말로 그런 분별없는 생각이야말로 아이를 싸가지 없고 정의가 없고, 삶의, 건전한 사회의 기준을 부인하고 자기 생각이 곧 정의라거나 '무슨 말라비틀어진 정의냐?'를 해준 밥 먹으며 그 밥 해준 부모에게 사회에 국가에 배은망덕하게 내뱉으며 그것을 마치 제 잘난 줄 생각하는 못난이, 불행한 아이들을 양산하는 사고방식인 것이다.

　어른이 책임져야 한다.
　사회를 바로 세우는 것도 아이들에게 마땅히 행할 일을 가르치는 것도.

　그럴 수 있기 위해 무엇보다 이 시대의 어른이고자 하는 사람들의 스스로 어른다워지려는 마음 자세와 노력이 절실히 필요한 시대에 내가 놓여 있다는 사실을 결코 망각(忘却)해선 안 될 것이다.
　어른도 얼마든지 아이에게서라도 배울 수는 있겠지만 절대로 아이가 어른을 지적하고 꾸짖고 훈계하고 가르치시는(?) 사회가 되게 해서는 안 된다.

어른의 권위가 무너짐이 쪽팔려서가 아니라 나의 사랑하는 아이들을 우리의 자랑스러워야 할 후손들을 불행에 빠져 허우적대며 나아갈 바를 모르고 방황하고 표류하며 패륜인 줄도 모르고 자신이 먹고 살아 남기만 하면 잘 생존할 수만 있으면 그게 다이고 효도이고 훌륭한 것인 줄 아는 존귀한 인간으로 태어나 깨닫지 못하여 멸망하는 짐승처럼 살다 스올로 빠지게 그냥 놓아두고 남겨두지 않기 위해서 아이들이 어른을 가르치지 못하게 하는 것이 아니라 아이들에게 마땅히 행할 바를 가르쳐서 나이 먹어서도 이에서 떠나지 않을 수 있고, 그 아이들이 자신들의 후손에게도 자랑스럽고 존경받는 조상(祖上)이 될 수 있도록 하기 위해서라도 '아이에게서도 배울 것이 있다.'를 넘어 '아이가 어른을 가르칠 수도 있고 가르쳐도 되고 가르쳐야 한다.'는 패륜적 발상은 절대적으로 근절되어야 할 것이다.

어떤 어려움이 있을지라도 이 시대를 담당하고 책임지는 어른으로서의 생각과 행동과 결단을 바르게 행하도록 스스로를 갈고 닦아야 할 것이다.

실존(實存)

　물리적이고 현상학적인 눈에 보이는 육체로 이루어진 나도 나의 실존(實存)이고 내가 나라고 인식하는 육체의 눈으로는 볼 수 없고 육체의 감각기관으로는 그 실체를 느껴 경험하고 확인하고 증명할 수 없는 내 마음, 내 영혼 또한 나의 실존임에 틀림없다.
　물리적인 현상으로서 나의 현재와 나의 철학 나의 윤리관 나의 영혼의 현재 또한 나의 실존임에 틀림없다.

　종족보존의 본능과 자기보존의 본능에 의해 조정되는 육체의 소욕을 따라 비록 나의 정신이 원하지 않는다 할지라도 나 스스로도 알게 모르게 흘러가고 있는 나도 내 실존이고 자유의지로 스스로를 다스리고 가다듬으며 몸과 마음과 영혼을 추스르며 나아갈 바를 향해 나아가는 나도 나의 실존이다.

　결코 부인할 수도 없고 거절할 수도 없는 두 종류의 나의 실존 앞에서 나는 둘 중 하나를 택하도록 몰리고 있나? 육체의 소욕과 본능의 길로 들어서서 편안을 좇나? 경건(敬虔)의 방향을 유지하며 영혼의 평안을 누리나? 시류를 따르는 타협으로 실존을 망각하고 있는 것은 아닌지 생각해 본다.

　이런 종류의 생각은 생각한다고 답이 뚝딱 나오는 것도 아니고 설혹 내가 어느 쪽이라고 스스로 평가한다고 해서 꼭 그런 것이 아닐 수도 있다. 온전히 자신이 처한 상황을 판단하고 스스로를 제어

할 수 없는 것이 부족하기만한 인간의 능력의 한계이기 때문이다. 그래서 많은 사람들은 '그래 봤자 별 것 없잖아?', '그래서 너랑 우리랑 다른 게 뭔데?'라고 비아냥대기도 하고 비판하고 때로는 비난하기도 한다.

그러나 온전할 수 있기 때문에 생각하는 것은 아니다. 생각을 통하여 나의 실존이 향하고 있는 방향의 문제를 깨닫고 뉘우치고 또 뉘우쳐도 얼마 못 가 쓰러지고 다시 죄 된 길로 휩쓸려 들어가기 쉬운 것이 우리의 실상이지만 그렇게 쓰러지면서도 바로 세우려 노력하지 않으면 안 되는 것은, "온전한 이는 없나니 하나도 없느니라!"라는 말씀도 있지만 "너희는 주 안에서 온전하라!"라고도 말씀하셨기 때문이다. 이 말씀을 붙잡고 순종하는 마음으로 온전해지기 위한 경건의 방향을 유지하는 노력을 해야 하기 때문이다. 칭찬 들을 수 있는 착하고 충성된 종이 되기 위한 노력을 하지 않을 수 없는 것이다.

어둠의 세력 사탄이 지배하는 죄의 흐름에 생각 없이 영혼을 담그고 따라 흘러가는 것이 아니라 죄 된 나를 벗어 버리고 하나님의 자녀 되기 위한 깨달음의 길에 들고 비록 그 길이 좁고 험할지라도 생명으로 향한 길이고 영생으로 향한 길이기에 인간이고자 한다면 이 하나님을 바라는 경건의 길로 나아지 않을 수 없기 때문인 것이다.

인간이라는 포유동물로서의 실존이 아니라 하나님의 자녀 된 인간으로서의 실존을 자각(自覺)하는 삶이어야 하기 때문에 나의 실존이 어느 곳에 위치하고 어느 곳을 향하고 있는가에 대한 생각을 아니할 수 없는 것이다.

함께함이란?

시간과 공간을 함께할 수 있다 함은,
함께 한 시간의 길고 짧음이나
공유한 공간에서의 멀고 가까움의 문제라기보다
관심(觀心)과 배려(配慮)의 우선순위(優先順位)의 문제가 아닐까?

본질을 안 보고 놓치며 겉으로 드러남이 마치 행함의 다인 줄 생각하여 "월급 타서 하나도 축내지 않고 몽땅 갖다 주고 퇴근하고 늦지 않게 꼬박꼬박 귀가하면 남편으로서 할 일 대충 다한 것 아니냐?"라고 말하며 아내의 외롭다는 불만에 원망석인 불평을 호소하는 착한(?) 어느 남편과 대화하며 나눈 이야기이다.

소망(所望)을 산다

사람은 꿈을 먹고 사는 존재이다.
사람이라면 꿈이 있어야 한다.

꿈을 품고,
그 꿈이 이루어질 것을 소망하고 믿으며
그 꿈을 이루기 위해 노력하며 사는 존재가 사람이다.

이미 죽어 있고 죽어가는 존재가 아니라
살아 있고, 살아가는 존재이고자 한다면,

없어지는 변화가 아닌
있어지는 변화를 추구하며,

아름다운 꿈의 완성을 일구고 이룩하려는
소망(所望)의 삶을 사는 자(者)여야 할 것이다.

여성(女性)

그냥 여성인 것과 아름다운 여성인 것은 다르다. 성숙한 신체적 조건을 갖추고 있으면 여성이라 불리는 것이 당연하다. 요즘 말로 S-라인으로 잘 빠져(?) 있으면 예쁜 여성이라 할 것이다. 그런데 아름다운 여성이라 불리기엔 이르다. 무엇인가가 신체적 조건에 더해져야 '아름답다'라는 표현이 가능할 것이다.

무엇이 이 차이를 가를까?
"요즘은 행복을 좀 알 것 같아요."라고 역시 무표정에 가깝긴 하지만 그래도 조금은 미소가 담긴 얼굴로 이야기한다. 불행하다라기 보다는 사는 게 재미없고 보람도 없고 의미도 못 느끼겠는 것을 주 증상으로 내원하여 다니고 있던 40대 초반의 여성이 한 말이다.
갸름한 얼굴에 아담(?) 사이즈 체형을 가진, 예쁘다는 소리를 충분히 들을만한 여성이다. 주된 문제점은 허무(虛無)한 것이다. 살아 꿈틀거리는 맛을 느낄 수 없는 것이다. 공연히 남편에게 신경질 부리고 아이들 닦달하는 횟수만 늘어나는 것 같아 더 짜증난다는 것이다.

뭔가 변화를 찾아볼 요량으로 아내 눈치 보며 스킨십에 적극적이지 못한 남편에게 자신이 더 적극적으로 요구하고 주도적으로 행해 봐도 그냥 그저 그런 정도의 성적 자극 외에 별 의미를 못 느끼겠어서 더 짜증난다는 여성이다.

그리고 거울을 봐도 별 볼일 없는 얼굴만 보여 그 꼴 보기 싫어 거울도 잘 안 본다며 화장은 고사하고 '세수는 했나?' 싶을 만큼 초췌한 모습으로 나타나기 일쑤인 여성이다.

거울에 비친 얼굴을 보며 '나도 꽤 괜찮게 생겼네.'라는 생각은 해본 적이 없단다. 자신이 예쁘게 생겼다고 생각해 본 적 없었냐는 물음에 전혀 없었다고 숨도 안 쉬고 답했던 여성이다.
"예쁘게 보이려는 노력을 해본 적은 있으세요?"라는 질문에 조금의 지체도 없이 튀어나온 답은 "아뇨."다.
"거울을 보고 이렇게 저렇게 표정 지어 보며 예쁜 표정 짓는 노력을 해본 적은?" 하는 질문엔 그 질문이 미처 끝나기도 전에 무슨 쓸데없는 질문을 다 하냐는 듯 "아뇨."하고는 아예 외면을 해버리는 여성이었다.

그랬던 그녀가 오늘은 사뭇 다른 느낌을 준다. 무슨 느낌인가 싶어 살펴보니 다소 상기된 얼굴에 살포시 미소까지 머금고 진료실 의자에 앉아서 "요즘은 좀 괜찮아요!"라고 이야기하는 모습에서 아름답다는 느낌이 풍겨져 오는 것이 평소와 다른 것 이었다.
평소엔 볼멘 듯한 무표정하고 메마른 목소리로 "네!, 아뇨!"식의 단답식 반응만을 보이던 그녀가 오늘은 미소까지 지으며 이런저런 말을 하는 것이 다른 느낌을 주는 원인인 것으로 생각되었다.

"요즘은 행복이 뭔지를 좀 알 것 같아요. 내가 행복하다는 생각을 간간히 해요. 애들에게도 짜증 덜 내고 남편에게도 짜증 안 내고 잘하려 드니까 평소에 내가 짜증만 안 내도 행복하다던 남편이 요즘은 더 잘해 줘요.", "거울을 보면서 웃는 연습도 해요"하며 겸연쩍은 듯 배시시 웃기도 했다. 그 모습에서 그동안의 허무를 풍기던 것과는 아주 다른 아름답고 기쁨에 찬 여성(女性)을 느끼게 한다.

"소유하고 싶은 충동을 주는 예쁜 여자와 사랑받을 줄 알고 사랑할 줄 아는 아름다운 여성과의 차이가 이런 것인가?"

이런 소회(所懷)를 이제 막 여성으로 탈바꿈하고 있는 17세 여학생과 나누었다. 당연히 아름다운 여성으로서의 지위를 누리며 살 수 있을 줄만 생각하며 정작 아름다움의 의미는 생각해 보지 않았고 사랑받고 사랑할 줄 아는 진정으로 아름다운 여성이 되기 위해 스스로의 할 바가 무엇인지조차 전혀 생각할 마음이 없던 학생이었다.
그런 여학생과 아름다움이란 노력의 열매이고 아름다운 품성을 갈고 닦을 때 나타나는 향기와 같은 것이 바른 인품이라는 이야기를 나누었다.

남녀노소를 막론하고 행복하고 아름다운 사람, 아름다운 인생이기 위해서는 그에 걸맞은 노력이 있어야 한다는 것을 다시 한 번 생각해 본다.

오늘을 살련다

과거(過去)는 지나가서 없고
미래(未來)는 아직 안 와서 없고
내 앞에 있는 것은 오늘이고 지금뿐이다.

과거는 기억(記憶) 속에 있고
미래는 생각 속에 있고
오늘은 현실(現實)로 내 앞에 있다.

과거는 이미 확정된 사실이라 변화시킬 수 없고
미래는 불투명하여 내 의도대로만의 변화를 기대할 수 없으나

오늘은 내 생각과 행함으로 비록 원하는 바의 다는 아닐지라도,
적어도 노력하는 한 지금보다는 나아지는 변화를 일으킬 수 있다.

과거에 대하여는
내가 할 수 있고 영향을 미칠 수 있는 것이 하나도 없고

미래에 대해서는
생각만이 있을 뿐 정작 실행에는 옮길 수가 없으나

오늘은
나에게 영향 받기를 원하며 나를 기다리고 있다.

이제까진 어떠했을지라도
앞으로 어떤 일이 나에게 닥칠지라도

오늘을
내 인생 최고의 날로 삼고자 하는
나의 소망(所望)은 그 누구도 그 무엇도 막을 수 없으리라.

"이제 새로운 피조물이 되었도다!"라는 말씀과 "내일 일을 위하여 염려(念慮)하지 말라!"는 말씀은 오늘을 내가 어떤 마음으로 보내야 하고 어떤 행동으로 주어진 삶에 충실해야 함을 가르쳐주고 계시다.

오늘 살아 있음을 감사하며
오늘이 내 인생 최고의 날이 될 것을 소망(所望)하며,

오늘을 살 것을 결단하며
오늘도 오늘을 향해 나아간다.

요리(料理)

대장금이란 드라마를 가끔 본 적이 있다. 워낙 인기가 높았던 때문인지 끝난 지가 언제인데 요즘도 이리저리 TV 채널을 돌리다 보면 대장금이 어전(御前) 요리 경연에서 자신의 요리를 만들 때의 마음 자세와 그 요리에 담긴 숙원을 말하는 장면이 나오기도 한다.

자신이 만든 요리를 만백성의 어버이이신 임금님이 잡수시고 몸과 마음이 두루 건강하시어 어진 정치를 펴달라는 기원이 깃든 음식임을 그 음식의 맛이 어떤 맛이기에 임금님의 입맛에 맞을 수 있었느냐보다 더욱 의미를 두고 이야기하는 것을 볼 수 있다.

요리(料理)의 본질(本質)과 목적(目的)이 무엇일까?
요리는 그 음식을 일컫는 말인가? 그 음식을 만드는 기술과 행위를 뜻하는 것인가? 아니면 그 요리사의 요리에 임하는 마음의 중요함을 뜻하는 것일까?
요리사가 자신이 맛있는 음식을 먹기 위해 만드는 것이 요리의 본질일까? 아니면 누군가에게 맛있고 좋은 음식을 대접하기 위한 것이 요리의 본질일까?
요리는 내가 맛있으면 누가 뭐라 해도 상관이 없는 건가, 아니면 그 누군가가 맛있게 때로는 유익하게 먹을 때 의미가 있는 건가?
자신의 요리가 진정 빛남은 그 요리의 맛과 예쁜 모양에 요리사 자신이 흐뭇해 할 때인가 아니면 그 누군가가 그 요리를 대하여 기뻐하고 만족해 할 때인가? 그리고 그 모습을 보는 요리사가 보람과 긍지를 느끼며 같이 뿌듯하고 행복을 느낄 때인가?

이조실록에 나온 이름 석 자와 한 줄이 채 못 되는 대장금에 대한 기술(記述)을 근거로 한, 세계인을 감동시킨 요리와 요리사에 대한 이야기를 듣고 보며 그 드라마를 기획하고 글을 쓰고 연출한 분들의 천재성에 감탄하지 않을 수 없다.

요리의 보다 중요한 의미가 어디에 있고 있어야 할 것인지 요리의 본질을 파악하고 엮어 나가는 그 천재성에 감탄하지 않을 수 없다.

그렇지 않아도 '내 인생을 어떻게 요리해야 되는 것일까?'를 묻고 있던 나에게 큰 응원이 됨을 느끼며 감사하지 않을 수 없다.

좋은 요리사는 요리를 하기 위해 좋은 재료부터 고른다는데 인생이란 요리 경연에서는 누구에게나 자신이라는 요리재료가 이미 주어져 있다. 즉, 새롭고 마음에 드는 재료의 선택권은 배제된 채 자신이라는 기왕에 주어진 재료만 갖고 하는 경연인 것이다.

따라서 나에게 없는 것 찾아 헤매다 시간 지나는 바람에 그나마 있는 재료 관리부실로 쉬고 썩고 곰팡이 나서 못쓰게 만들어선 안 될 것이다. 하늘로부터 부여 받은 이 자신이라는 재료를 최선을 다하여 신선하고 순수한 상태를 유지하도록 애써야 할 것이다.

관리부실로 못쓰게 된 것 갖고 불량요리 만들어 판정 관에게 "이 악하고 게으른 숙수야!"하고 치도곤 맞는 것이 아니라 하찮은 산딸기 가지고도 최고의 요리를 만들어 임금님의 심금을 울리고 기쁘게 할 수 있었던 대장금처럼, 이 '나'라는 재료를 어떻게 잘 요리해야 심판관을 기쁘게 하고 "착하고 충성된 숙수로다! 내가 이제 너를 대장금에 봉하노라!" 소리를 들을 수 있을까를 연구해야 한다.

그냥 있는 재료 대충 삶아 먹으면서 '요리가 별거야? 익혀 먹고 목숨 연명하면 되는 거지'식으로 궤변을 늘어놓는 게으르고 악한 요리사가 되어선 안 될 것이다.

 누구든지 인생은 자신이란 재료로 '맛있는 인생, 멋있는 인생' 만드는 요리경연이라 자각하고, 있는 재료로 세상에 하나밖에 없는 기막힌 요리를 창조해 내기 위해 불철주야 정진해야 할 것이다.

 무상으로 재료와 모든 요리조건을 구비해 주고 내가 '맛있고 멋있는 인생'이란 요리를 만들어 내기만을 기다리고 계신 그분을 기쁘시게 할 생각에 가슴 설렌다.

 이 소망(所望)이 반드시 이루어지리라.

분수(分數)

'우리의 분수(分數)는 끊임없이 성장하는 것이다!'라는 글을 읽었다.
"이만 하면 됐지 뭘!" 하고 자신에게 하는 말이나 마음이, 자족하며 감사하는 마음이 아니고, 포기하고 체념하며 불만을 억지로 누르고 억제하는 말이나 마음일 경우라면 이를 단호히 배격하라는 말씀으로 이해가 됐다.

"사람이 제 분수를 알아야지!"라는 생각이 구별(區別)과 차별(差別)과 분별(分別)에 입각한 올바른 자신의 주제를 파악하는 깨달음이 아니라 그냥 적당히 어려움을 피하고 스스로 자존을 포기하는 의미에서의 생각이면 안 된다는 말씀으로 받아들여졌다.

"하나님은 우리가 성공하는 마음의 자세를 가질 때 기뻐하신다!"는 말씀이 그 뒤를 이었다. 이젠 나도 나이가 꽤 든 편이어서 이제부터 무엇인가를 새롭게 시작하고 더욱이 뒤늦게 시작한 것을 성공하려 맘먹는 것은 노년의 욕심인 것으로 생각하는 것이 점잖은(?) 처신인 줄 은연중 생각하고 있던 터여서, 일면 당혹스럽기도 한편으론 '그래? 그럴 수도 있단 말이지?'하는 도전으로도 다가왔다.

옛날이면 '인생 칠십 고래희!' 소리를 듣고도 남을 나이에 마라톤을 시작했다는 사람들의 소식을 접하기도 하고 일흔 살이 넘어 보디빌딩을 시작한 몸 짱 노인의 사진을 보고 놀란 적도 있었다. '그러고 보니 정말 그런 사람들이 있기도 하구나!'하는 생각이 들기도 한다.

　나는 비록 죽었다 깨나도 마라톤 완주라거나 몸 짱 노친 네 될 가능성은 전혀 없고 그런데 정력을 쏟을 의사 또한 추호도 없지만 그러나 끊임없는 노력을 통해 자신의 삶을 성공적으로 이끌어 가는 능동적인 삶이어야 하고 이런 자세로 자신의 삶을 일구어 가는 것이 하나님이 허락하신 각자의 분수(分數)라는 말씀에는 120% 공감한다.

　내가 나의 분수를 깨닫고 내 분수에 맞게 사는 것은 지금 내가 행하고 있는 일에 보다 더 정성을 다하여 충실하게 임하는 것이라 생각해 본다.

　고통이 곧 불행인 것만은 아니다. 자신이 인생길에서 겪게 되는 고통의 의미를 바로 깨닫는다면 젖을 빨리는 아픔이 자식 사랑의 보람으로 느껴지고 고통을 감내하며 역기를 들어 올릴 때 육체미 대회에서의 입상이 기대되는 환희를 맛볼 수 있으며 다이어트를 위해 젖 먹던 힘을 다하여 계획했던 거리를 애써 걸으며 느껴지는 허벅지의 뻐근함은 고통이라기보다는 오히려 보람이고 기쁨이고 자존과 자신의 북돋움일 수 있는 것이다.

　이와 같이 우리의 삶이 고통 가운데에서도 얼마든지 행복할 수 있음을 알려주고 깨달을 수 있게 자극하고 격려하고 길을 깨우쳐주며 그 길을 안내하는 '행복 도우미'로서의 내 역할이 보다 더 효율적일 수 있도록 정진하고 노력할 것을 다짐해 본다.

인생길에서의 '행복 도우미'에서 더 나아가 잃어버린 영혼을 구원하는 일에 도움이 되는 '구원 도우미'까지 될 수 있기를 소망하고 간구한다.

'죽는 날까지!'라며 죽음을 앞세우고 죽음만을 생각하면서 하루하루 그 죽음과 가까워짐을 느끼며 불안하고 두렵고 무서워 자신의 삶이 더 나아가는 것을 거부하는 자가 아니라, '살아 숨 쉬는 동안'이라 말하며 현재 살아 있다는 사실을 인지(認知)하고 상기(想起)하면서 기쁨과 감사한 마음으로 무엇인가를 위해 더욱 발전하고 정진하는 뜻 깊은 삶을 스스로 일구어가는 것이 하늘이 나에게 명하신 나의 분수(分數)라 생각하며 귀한 말씀에 감사한다.

꿈이 사라지면 또 다른 꿈을 꾸라

 새로운 루트를 개척하다 조난당한 동료 산악인의 비보를 접하고 그를 구하기 위해 모든 이들이 힘을 모으며 애쓰는 모습을 보면서 등산과는 담을 쌓고 사는 사람이지만 삶의 능선에서 어려움을 만났을 때 좌절하고 포기하는 것이 아니라 새로운 길을 개척하여 나아가고 뜻을 같이하는 동료의 어려움을 자신의 목숨을 바쳐가며 돕고자 나서고 새로운 길을 열어 뒤에 오는 이들을 위해 예비하려는 갸륵하고 숭고한 마음에 경의를 표한다.
 금방 큰 일 날것처럼 떠들썩하다가 언제 무슨 일이 있었냐는 식으로 금세 잊기 잘하는 요즘 세태의 흐름이 이처럼 숭고하고 본받을만한 동료애마저 며칠 떠들썩하다 잊어버리고 마는 물거품 같은 해프닝으로 끝나게 만들지 않았으면 하는 바람을 가져본다.

 "의로운 자는 쓰러져도 다시 일어나느니라!"는 성경의 말씀이 떠오르고, "실패는 넘어진 것이 아니라 넘어진 채로 주저앉아 있는 것이다!"란 목사님의 설교말씀도 떠오른다.
 "꿈이 사라지면 또 다른 꿈을 꾸라!"는 말씀을 대하며 인간이 창조주로부터 부여받은 여러 가지 축복과 능력 중에 쓰러졌을 때 다시 일어날 수 있는 정신의 힘과 꿈을 잃었을 때 또 다른 꿈을 꾸길 소망하는 믿음과 이러한 자신의 생각을 세우고 바른 방향을 유지할 수 있는 자유의지가 있음을 감사한다.
 "자! 오늘은 어떤 멋진 꿈속을 누빌 거나?"하는 흥미와 기대에 찬 마음으로 오늘을 향한다.

동물의 왕국엔 요리사가 없다

동물의 왕국엔 먹거리는 있어도 요리는 없다.

정성어린 그러나 사정없이 다그치는 어미의 먹이사냥 법 전수에 이리저리 시달리다가 겨우겨우 천신만고 끝에 사냥에 성공하여 자신이 생애 처음으로 잡은 어린 영양의 배를 앞발로 겨우 짚고 서서 숨을 헥헥 거리면서도 의기양양해 하며 제가 사냥한 것을 맛있는 듯 뜯기 시작하는 어린 치타를 볼 때와 그 치타 꽁무니를 멀찌감치 숨어서 따라다니다가 어린 치타의 천신만고 끝에 겨우 사냥한 첫 사냥물을 어슬렁거리며 나타나 빼앗아 허겁지겁 먹어대는 치사하기 짝이 없는 소위 인간 칭(稱) 백수의 왕 사자를 볼 때도 "저 맛대가리 없을 것이 뻔한 생고기를 어쩌면 저리도 맛있게 먹을까?"하는 감탄이 나올 때가 있다.

그러다가 백수의 왕 사자도 병들거나 늙어서 입맛이 떨어지면 평소엔 정신없이 먹어대던 먹거리도 그냥 냄새 한 번 맡아보고는 한편으로 가서 털퍼덕 주저앉아 앞발에 턱을 괴고 먼 산만 바라보는 모습은 동물의 왕국에선 그 어디서나 흔히 볼 수 있는 지극히 자연스럽고 당연한 모습이다.

그냥 있으면 먹고 없으면 못 먹고 신이 허락한 소화기능을 갖고 썩은 음식을 먹기도 하며 자연스럽기 그지없게 자연의 한 부분을 저마다 점하고 생존을 위해 노력하고 있는 것을 동물의 왕국에서는 흔히 볼 수 있다.

그런데 그 자연의 한쪽 구석에 모여 있는 사람이란 군상(群像)을 보면 뭔가 다름이 눈에 띈다. 저녁이 되면 여기저기서 밥 짓는 연기가 피어오르고 식사 때만 되면 요리하느라 부산한 움직임도 눈에 띈다. 인간의 먹거리는 냄새가 진동하고 음식도 자연스러운 상태 그대로 먹는 것이 아니라 소위 요리(料理)라는 것을 해서 먹고 날 것을 먹을 때일지라도 절대로 그냥 먹는 법 없이 꼭 씻어서 먹는다.

그러고 보면 인간들도 다른 동물들과 다름없이 숨 쉬고 먹고 자고 배설하고 짝짓고 사는 것이 자연스런 듯 보이면서도 실제로는 그 어느 것 하나도 진짜 자연스런 것은 없고 모두가 하나같이 인위적(人爲的)인 것들뿐임을 알 수 있다.

생긴 대로 살다가 자신의 운명에 대하여 선택할 능력을 본래 창조주로부터 부여받지 못한 존재이기 때문에 자연에 의해 주어진 조건과 상황과 환경에 의해 삶의 질과 결말이 나며 그렇게 살아 있다간 원망 없이(?) 죽을 수밖에 없는 다른 짐승들과 달리, 인간이란 동물은 요리사까지 두고 자연 속에 살면서도 전혀 자연스럽지 않게 자신들만의 가치체계 속에 자신들만의 방식대로 자연의 조건과 상황과 환경을 다스리고 변화시키고 조절하고 극복하고 초월하며 생존하고 있음을 알 수 있다.

누군가가 진정으로 "자연으로 돌아가자!"라고 외치고 "자연스런 것이 좋잖아?"라고 주장하며 짐승처럼 벗고 지내고 먹고 싸고 본능의 욕구와 충동대로 행동하는 양식으로 살 것을 주장하고, 만일 그대로 행동한다면 그 사람을 정신병동이거나 교화시설에 격리하지 않을 수 없을 것이다.

왜냐하면 인간의 세상에서 동물처럼 산다는 것은 정신적인 병이 있는 것으로 치부되고 진단되고 진단되지 않으면 안 되기 때문이다.
　본능이 충동하는 대로 먹고 마시고 즐기고 내키는 대로 우성인자(優性因子)만을 잣대로 짝짓기하며 사랑의 행위를 인위적인 다스림 없이 때와 장소를 가리지 않고 행동으로 옮긴다면 이를 사람의 행동 가짐이고 사람의 사는 모습이라 할 수 있을 것인가?

　동물에게는 단지 생존이 있을 뿐이다. 그 생존을 삶으로 인식함도 그 삶을 보람 있게 요리한다는 개념도 있을 수 없다. 동물은 삶을 요리하지 못하고 자연현상 그대로의 모습으로 자연의 한 부분으로서 자연의 큰 흐름에 자신을 자신의 의사나 의지와 관계없이 그냥 맡길 수밖에 없는 존재이다. 자신이 가는 곳이 어디를 향한 것인지도 모른 채 자연의 흐름을 따라 그냥 죽음을 향하여 소멸을 향하여 흘러갈 수밖에 없는 존재이다.
　스스로의 운명에 조금치도 어떤 영향력을 행사하지 못한 채 그냥 자연이 허락할 때까지 자연이 주는 환경에서 저마다에게 주어진 여건과 능력대로 단지 생존할 뿐인 것이다.
　따라서 당연히 동물의 왕국엔 요리사가 있을 수 없는 것이다.

　그러나 사람은 다르다.
　사람은 자연에 의해 조성되고 주어진 상황과 조건과 환경에 그대로 순응하며 자연이 허락하는 대로 단순 생존을 위해 목숨을 거는 존재가 아니다. 사람은 자신에게 주어진 모든 것을 변화시키고 다스리고 대비하고 적응하고 극복하고 초월하며 가치를 창출하고 목적한 바를 이루기 위하여 목적한 곳까지 나아갈 수 있도록 스스로를 다스리고 갈고 닦아 절제하며 자신의 삶을 아름답고 행복한 삶으로 요리할 수 있는 능력을 부여받은 존재이다.

사람은 자연 가운데 존재하는, 존재할 수밖에 없는, 자연을 떠나서는 결코 단 한 순간조차도 생존할 수 없는 존재인 것은 분명하다. 그러나 인간은 자연의 일부일 수도 온전히 자연스러울 수도 없는 존재인 것 또한 사실이다. 인간은 자연이라는 흐름에 띄워져, 가는 곳 모르며 그냥 흐름 따라 표류할 수밖에 없는 존재가 아니다. 더구나 그 흐름 가운데 함께 떠다니는 여러 가지 부유물(浮遊物)들과 같은 등급의 쓰레기 같은 존재도 아니다. 혹자가 주장하듯 특별한 모양으로 형상화 되었을 뿐인 포유동물의 한 가지 종류로서 티끌이나 다름없는 물질에 일어난 돌연변이에 의해 생성된 것에 지나지 않는 존재가 아닌 것이다.

이런 차이의 원인으로 여러 가지를 생각해 볼 수 있겠지만 무엇보다 분명한 것은 자연 가운데 존재하고 자연을 떠나서는 한시도 생존할 수 없는 생명체인 인간을 자연과 구분 짓고 자연 가운데 있기는 하나 자연의 일부가 아니고 '자연 그리고 인간!'이라 할 수밖에 없는 존재로 자리매김 할 수 있게 하는 것은 바로 인간만이 가지고 있고 인간만이 발휘할 수 있는 능력인 '자유의지(自由意志)'이다.

인간에게 자유의지가 있다는 것은 그 자유의지를 가지고 분별력을 발휘하여 자신의 삶을 선하고 온전한 방향으로 이끌어 나아가고 여러 어려운 상황을 만날 때도 바른, 마땅히 나아가야할 방향을 유지할 수 있게 하고 자신의 인생을 맛있고 멋있는 삶으로 요리할 수 있는 능력이 있음을 의미한다.

인간에게는 살아가는 동안 피치 못하여 만나게 되는 여러 가지 사안들을 대할 때에 분별력을 발휘하고 사안마다 바른 선택을 하고 자신의 삶을 스스로 책임지는 가운데 나아갈 바를 향해 항해해 갈 수 있는 능력이 있는데 이 능력이 바로 자유의지에 의해 작동되고 발휘되는 것이다.

　인간에게는 자신의 삶을 아름답고 보람된 가치 있는 삶으로 요리할 권리와 능력이 있음과 동시에 그래야 할 책임도 있는 것이다.

　요리하는 자의 본분이 요리를 원하는 자를 만족시킬 수 있는 맛도 있고 멋도 있는 요리를 만들어 내는 것에 있다면, 사람은 마땅히 자신에게 자기 자신과 아름다운 자연이라는 재료를 허락하고 자유의지란 능력 있는 도구를 주어 우리들의 '행복한 삶'이란, '맛도 있고 멋도 있는 인생'이란 최고의 요리를 맛보기 원하는 그분의 마음에 드는 요리를 만들기 위해 최선을 다하는 참된 요리사의 마음을 갖고 자신의 삶을 일구어 가는 사람이 되어야 할 것이다.

역할 분담

세상은,
규칙에 정해진 서로의 역할 분담을
성실히 수행할 때 평화로울 수 있고,

부모와
장성하여 결혼한 자녀 부부와는
반드시 서로의 역할 한계를 지켜야만 평화로울 수 있고,

부부지간에는,
자녀를 잉태하여 엄마의 배 안에 키우는 것 말고는,

자녀를 낳는 일에서부터 죽기까지
서로의 역할에 한계와 분담이 없이

서로의 삶을 위해
서로에게 돕는 배필이 되기 위하여,

최선(最善)과 전심을 다할 때에
비로소 평화가 깃들 수 있다.

　시도 때도 없이 일방적으로 그렇지만 자신이 내키는 대로 자기 뜻대로만 잘해 주시는 시어머니와 스트레스 푼다고 시도 때도 없이

틈만 나면 축구하러 다니며 회사 잘 나가주는 것으로 폼 잡으며 자녀양육은 '나 몰라'라 하는 남편과 살며 힘에 부치고 지치고 약 오르고 화가 나서 울며 호소하는 30대 초반의 착하디착한 딸 하나를 둔 어느 여인과 대화하며 해본 생각이다.

변화는 마음에서 시작된다

생각(生覺)이 바뀌면 행동(行動)이 바뀌고,
행동(行動)이 바뀌면 습관(習慣)이 바뀌고,
습관(習慣)이 바뀌면 성격(性格)이 바뀌고,
성격(性格)이 바뀌면 운명(運命)이 바뀐다!

라디오 생방송 상담프로에 나갈 때이다. 방송시간에 늦지 않으려고 다소 서둘러 차를 몰고 가는 참이었다. 신호대기에 걸려 속으로 툴툴대며 빨리 신호가 바뀌기만을 기다리고 있다가 우연히 정면 사거리 건너편의 어느 교회 건물 외벽에 크게 씌어 있는 글이 눈에 들어왔다.

그 글을 읽는 순간 선생님의 회초리로 머리를 한 대 얻어맞은 듯한, 정신이 번쩍 드는 신선한 충격을 경험하였다. '바로 저거다!' 하는 생각이 들며 외우기 시작했다. 늙어선지 그 동안 공부를 안 해서 머리가 녹슬어선지 급하게 외우려 드니까 이 짧은 몇 마디 문구가 이리저리 헷갈리며 잘 안 외워지는 것이었다. 신호가 빨리 바뀌면 어쩌나 제발 '나 저거 다 외울 때까지 조금만 늦게 바뀌어라!'라고 빌며 이 좋은 문구를 우리 환자들에게 유효적절하게 써먹을 부푼 꿈을 안고 열심히 외웠던 생각이 새삼 떠오른다.

그리고 한참의 세월이 흐른 어느 날인가 주일 설교 말씀 중 우리가 하는 생각은 바로 각자의 마음에 그 뿌리를 내리고 있다고 선포하시며 마음이 어느 곳을 향하고 있는가, 어두움인가 아니면 빛보다도 더 밝은 하나님을 향함인가를 수시로 점검해봐야 한다고, 우리의 어리석고 나태한 습성을 벗어나 밝고 평안한 길로 접어들 수 있게끔 우리가 가져야 할 마음의 바른 자세를 일깨워주시던 목사님의 말씀도 떠오른다.

마음에 분(憤)을 품고 원망과 질시와 좌절이나 실패와 패배의 마음을 품고 있으면서 사랑과 보람과 행복을 기대하며 기쁨과 능력과 승리를 기대하는 것은 어불성설이며 가난과 무력함을 생각하는 인생에게는 결코 하늘이 주시는 풍성함이 깃들 수 없다는 글을 읽으며 떠오른 생각들이다.

자신의 마음을 다독이고 스스로의 생각을 가다듬어 행동을 교정하고 성격을 보다 성숙하게 하며 인간관계를 잘 맺고 유지하여 자신의 삶을 변화시키려 노력하기보다 자신의 기분을 맞춰주고 자신의 욕구를 즉각적으로 충족시키고 충동적으로 떠오르는 자신의 꿈을 단번에 이루어줄 조건과 환경과 상황만을 기대하고 찾고, 기다리고 있는 오늘날 세태의 흐름을 보며 오늘 아침에 읽은 '변화는 마음에서 시작된다!'는 말씀이 더없이 고맙게 다가온다.

불행

남이 나를 불행하게 만들거나 세상이 나를 불행하게 만들 때 경우에 따라서는 내가 어쩔 수 없는 일일 때가 많으니 그럴 땐 '그럴 수도 있지!'하며 참거나 수용하거나 아닌 말로 할 수 없이 그냥 불행할 수밖에 없다고 하더라도, 적어도 '나는 나 자신을 어떻게 해서든지 반드시 불행하게 만들고 말 거야!'라며 자신을 어떻게 해서든지 불행하게 만들기 위해 온갖 노력을 다 하는 일은 이제 더 이상 하지 말자고 말해 주었다.

술만 먹으면 평소에는 참고 못하던 말을 온갖 쌍소리 쌍욕에다가 아주 강력한 부정적 감정을 양념으로 버무려, 마치 탄막사격(彈幕射擊) 때의 비 오듯 쏟아지는 폭탄처럼 쏟아 부어 놓고 술 깨면 후회하곤 하는 분이다.

좋은 전문 직종에 종사하며 실력도 인정받아 충분히 행복할만한 객관적 여건을 갖춘 분인데도 불구하고 이런 행동습관 때문에 이혼 당하고 겨우 노력해서 만난 세 번째 여인에게도 같은 행동을 반복하는 바람에 요즘 별거당한 상태라고 한탄하며, "나 좀 고쳐주세요!"라고 절실한 마음으로 호소하며 찾아온 분이다.

대화를 나누면서 발견한 것은 이분은 스스로 자신을 멸시(蔑視)하고 있었다. '나는 안 돼!'라는 부정적인 생각에 쪄들어 있었다. 자신은 안 된다는 생각이 마치 무슨 확고한 신념이라도 되는 듯 전혀 흔들릴 기미가 없어 보였다. 스스로 불행의 늪으로 뛰어들 준비를 확고하게 하고 있는 것과 다름없는 자세인 것이다.

　행복을 향하고 행복해질 수 있는 길을 찾고 행복으로 상황을 받아들이고 해석하려고 노력하고 마음을 다스리고 '행복해질 것이라고 믿고 구하면 틀림없이 행복해질 수 있고 행복하게 해주실 거야!'라는 소망을 갖고 기도하는 마음으로 하루를 대하고 배우자를 대하는 것이 아니라 불행할 수밖에 없는 자신의 나약하고 의지박약하고 여건 불비한 것을 설명하고 증명할 준비만 잔뜩 하고 있는 것 같은 마음의 자세였다.

　그런 것을 이지적인 판단으로 겨우 누르고 있다가 술이 들어감으로 인해 억지로 눌리고 잠겨있던 마음의 바리케이드가 해제되는 바람에 불행으로 관계훼손으로 자기파멸로 전속력 돌진하는 결과를 빚곤 하는 것이었다.

　인간답기 위해서라면 억지로라도 참지 않으면 안 되는 본능적 충동 욕구 공격심 등을 이제는 그만 참아도 되는 듯, 더 나아가 참으면 안 될 것처럼 생각이 들게 만들어 정상적 사고방식을 마비시키고 마취시키는 것이 술이 우리의 대뇌피질로 스며들면서 나타내는 첫 번째 대표적인 기능인 것이다. 따라서 그런 생각 안 하고 잘 해보려다가도 술만 한잔 들어가면 마치 밀린 것에 이자까지 더한 듯이 쌍욕을 해대는 바람에 이번 아내와도 관계가 나빠지고 뒤틀어져 결국은 또 별거당하고 사는 분이다.

　그런데 여기에서 반드시 짚고 넘어가야 할 것은 그 술을 누가 먹는 것이냐의 문제이다. 그 불행의 촉매제 촉발제와 같은 술을 나 자신이 먹고 있는 것이다. 술이 제 스스로 발이 달려 내 입으로 쑤시고 기어들어오는 것이 아니라, 곱게 조심스레 잔에 잘 따라서 한 방울이라도 흘러서 땅에 떨어져 약효가 부족할까봐서 두 손으로 잡고 마셔 드리는(?) 행위를 바로 자기 자신이 하고 있는 것이다.

　이때 중요한 관점은 내가 그 술을 먹었듯이 내가 그 술을 내가 결단하기만 하면 안 먹을 수도 있다는 사실이다. 술이 '먹여진 것'이 아니고 내가 '먹은 것'이듯 술은 안 먹어지는 것이 아니라 내가 안 먹으면 더 이상 술이 나의 불행에 촉매제 촉발제가 되지 않는 것이다. 아니 절대로 될 수 없는 것이다. 몸 안에 들어와 피 속에 녹아 스며든 술이 문제이지 몸 밖의 술은 나에게 아무런 영향도 미칠 수 없기 때문이다.

　술을 먹는 것이 바로 불행을 먹는 것이고 그 불행을 내가 고생해서 번 돈 들여가며 온갖 구박과 핍박을 무릅쓰고 먹는 것이라는 사실을 술이 사회적 음료의 수준을 넘어 자신의 삶에 불행을 끌어들이는 역할을 하는 사람에게 있어서는 명심하고 명심해야 할 사항이다.

　그런 사실을 알면서도 술을 다스리지 못하고 끊지 아니하고 '그러니까' 술을 먹을 수밖에 없었던 조건과 상황과 환경을 설명하고 증명하려 드는 사람은 불행해지기 위해 온갖 전략을 다 짜가면서 혼신의 노력을 기울이고 있는 사람인 것과 다를 것이 하나도 없다는 것을 확실히 깨달아야 한다.

　"이젠 술은 진짜 사약이라고 생각하며 살고 있습니다!"라고 비장한 표정으로 말하는 그 분의 속사람도 진짜 비장한 마음일 수 있기를 기원하며 드린 말씀이다.

　적어도 내가 나를 불행으로 몰고 가진 말자고!

아무나 할 수 있는 일, 아무나 할 수 없는 일

아무나 할 수 있는 일을 하면서,
마치 엄청난 일이나 하듯 자랑하고,
또 그것을 부러워 흉내 내려고 애쓰는 모습들을 봅니다.

예를 들면 운동을 하거나 등산을 하거나,
시간과 경제적 여유가 있어 여기저기 놀러 다니는 사람들과
그런 것이 참다운 웰 빙인 줄 생각하는 사람들 말입니다.

아무나 할 수 없는 일을 하면서도
누가 알아주길 원하기보다
그 일의 본질에 몰두하고 기뻐하는 모습을 보고
그 모습을 닮고자 애쓰는 사람들을 봅니다.

예를 들면, 녹동에서 도배 봉사 많이 하려고
전날 저녁 늦게라도 미리 4—5시간 달려가는 사람들이나,
영문도 모른 채 테러를 당하고도
깨어나선 자신에게 테러한 사람들을 무조건 용서한다고 해서,
세상이 예상할 수 없는 사랑을 보이고
그럴 수 있었음을 감사해 하는 헌신의 모습 말입니다.

부러워하고 닮아야 할 것이 무엇인지,
분별할 수 있음을 감사드립니다!

회복(回復)인가 회귀(回歸)인가? 내가 쓰고 있는 말의 실체는 무엇인가?

회복(回復)은 원래의 상태로 돌아옴을 뜻하고, 회귀(回歸)는 한 바퀴 돌아 본래의 자리에 도달함을 의미한다는 것이 두 단어의 사전적인 의미이다.

그러나 "상당히 많이 회귀되었습니다."하지는 않으나(개인의 문제나 상태가), "이제는 많이, 그것도 아주 많이 회복되었습니다."라고는 흔히 쓰고 누구나 이 말의 뜻을 알아들을 수 있는 것으로 보아 회복(回復)이란 말은 본래의 상태에 도달했을 때만 쓸 수 있는 말이 아니라 그 과정까지도 한데 아우르는 사전적 의미보다 더 넓은 의미로 쓰이고 있음을 알 수 있다.

결혼한 지 26년이나 되었는데, 이 나이에 성생활이 무엇이 그리 중요하냐면서 남편의 속물적인 모습과 욕구가 아주 마땅치 않으면서도 억지로 아내 노릇 해주고 있는 분이다. 부부 사이가 많이 회복은 되었다고 말하면서도 그래도 결혼 초 같아지려면 아직 멀었다고 하는 바람에 나눈 이야기다.

말로는 회복(回復)이라고 하지만 마치 회귀(回歸)라는 말을 회복(回復)이라고 잘못 말하고 있다는 느낌을 받았다. 옛날의 그 모습 그 기분 그 감정 그 상태로 되돌아가야 하는데 그렇게 되어야 하고 또 그렇게 되는 것이 당연하고 가능한 것임에도 불구하고 그때와 똑같아지는 상태(회귀(回歸)가 이루어진)에 도달하려면 아직도 요원하다는 듯 들렸다. 그리고 그 옛날로 돌아가는 것이 마치 정답인 듯 여기고 있는 것은 아닌지 하는 생각도 들었다.

그리고 보니 언젠가 60대 초반의 주부가, 더도 들도 말고 여학교 시절의 내 기분으로 돌아갈 수 있게만 해달라고 진짜 정신과 의사가 약을 써서 고등학교 여학생 시절의 감정 상태로 돌아가게 만들어 주어 생활고와 나이 먹음에서 비롯된 지금의 불안과 초조를 없애 줄 수 있을 것처럼 믿는다는 눈빛으로 말하던 장면이 떠올랐다.

회귀라는 단어가 의미하는 것처럼 이전의 그 모습으로 돌아갈 수 있어야 한다는 생각을 회복이란 단어로 표현하고 있는 것이다.

이 회귀(回歸)가 장소를 의미하는 것이라면 이는 비록 힘은 들지 몰라도 못내 불가능한 일은 아닐 수도 있을 것이다.
그러나 그 회귀(回歸)라는 의미를 회복(回復)이란 말로 표현하는 것이 시간과 상태를 의미하는 것이라면 이는 신성모독(神聖冒瀆)이고 참람한 발상이 아닐 수 없는 것이다. 시간을 거꾸로 거슬러 가서 존재할 수 있음은 인간의 능력으로 기대하고 실현시킬 수 없는 신만이 가능한 능력의 영역이기 때문이다.

또 이런 점도 짚어 봤다. 회귀는 상황이 끝나고 목표했던 곳에 도달해야 비로소 "회귀했다."라고 과거형, 완료형으로 이야기하지 아직 남아 있는 과정이 있으면 비록 그것이 99.9%라 할지라도 회귀 중인 것이지 회귀됐다고는 말할 수 없는 것이다. 즉, 아직 아무것도 아닌 것이다. 99.9%는 의미가 없는 것이다. 100%라야 비로소 된 것이다.

모천을 찾아온 연어는 비록 조기 바로 코앞에 모천이 있을지라도 힘이 빠져서 작은 폭포를 못 올라가면 99.9%를 달려왔어도 그 회귀는 실패한 것이고, 배의 난간을 거의 다 잡았다 놓친 건 아무 의미 없는 것이다. 잡고 올라타지 않은 한.

　그러나 회복은 본래의 상태에 도달이 됐을 때 뿐 아니라 그 근처는 그만두고 약간 좋아지기 시작하기만 했을 때도 완료형 표현으로 "꽤 많이 회복됐습니다!"라고 쓸 수 있다.
　회귀는 남아 있고 모자란 것에 초점을 맞추고 100%가 아니면 별 볼 일 없다는 생각이 바닥에 깔려있는 것이고, 회복은 있는 변화, 있어지는 변화, 좋아진 것, 있는 것을 보는 시각이라 생각해 볼 수 있다.
　'아직, 아니!'라고 말하는 마음은 별로 살 맛 안 나는 마음이고 '아니 벌써! 이만큼이나!'라고 말하는 마음은 진짜 살 맛 나는 마음인 것이다.

　회복이 비록 조금일지라도 그 일어나는 변화를 감사하며 행복한 마음이라면 회귀는 아직 남아있는 것을 보며 그것 때문에라도 도저히 행복해질 수 없는 마음인 것이다. 따라서 억지로 가식적으로 표정관리하고 있는 듯한 자괴감에 빠져들기 쉬운 것이다.

　관계가 회복(回復)되고,
　병세가 회복(回復)되고,
　기분이 회복(回復)되고,
　의욕이 회복(回復)되고,
　신앙이 회복(回復)되고,

영성이 회복(回復)된다고 할 때,
내가 쓰고 있는 그 회복(回復)이란 단어의 정체가 과연 무엇인지, 진짜 회복을 의미함인지 아니면 말로는 회복이라고 말하면서 실제 내용은 회귀이기를 바라는 것인지 스스로를 돌아볼 필요가 있음을 느꼈다.

답은 간단하고도 분명하다!

부족한 가운데에서도 감사하고 기쁘고 행복하면 회복의 마음이고, 뭔가 모자란 듯 찝찝하고 성에 들차지만 '그렇다고 해주지 뭐!'라는 행복하다곤 말할 수 없는 마음이라면 회귀의 마음인 것이다.

내 생각의 실체(實體)는 무엇일까?

왜 나만 나무라세요?

진료하다 보면 흔히 듣는 원성이다. 그럼 나도 속으로 투덜댄다. '아니, 그럼 내 앞에 앉아 있는 사람에게 얘기하지 누구한테 하란 말입니까?'라고.

상대의 문제를 성토하며 그로 인한 어려움을 호소하는 환자에게 자신의 문제는 혹 없었는지를 생각하며 효과적으로 헤쳐 나아갈 방법을 연구하자면 "왜 날 보고만 뭐라세요! 상대가 그리 안 하면 되잖아요!"라면서 자신에게 스스로의 문제를 찾아 자신부터 변화하고 보다 효과적인 대응 대처방법을 개발하도록 촉구하는 의사에게 "왜 나를 힘들게 하는 사람을 정죄(定罪)하지는 않고 힘들어 죽겠어서 찾아온 날 보고 뭘 어쩌라고 이래라 저래라 하는 것이냐?"라는 식으로 여러 모습으로 항의하는 것이 다반사이다.

그럼에도 불구하고 환자의 항의가 범람하고 그러면 환자 떨어진다고 걱정하는 병원 식구들의 염려어린 원성에도 불구하고 계속 그리 할 수밖에 없는 것은 "자신을 돌아봐야 한다!"는 말의 의미가 잘잘못을 따져서 스스로 잘못한 것이 얼마나 큰지를 깨닫고 회개하라는 야단과 지적과 정죄가 아니라, 스스로를 돌아봐야지만, 스스로의 문제와 능력을 제대로 헤아려 잘 알아야지만, 지피지기(知彼知己)면 백전백승(百戰百勝)이라는 말처럼 상황을 자신이 원하는 바대로 바람직한 방향으로 변화시킬 가능성이 커지고 자신을 그토록 힘들게 만드는 상황을 헤쳐 나갈 가능성이 증대될 수 있도록 돕는 일이기 때문인 것이다.

그렇다면 이제 남은 과제는 '과연 내가 어떻게 말을 하면 그분들의 기분이 나빠지시지(?) 않게 스스로를 좀 돌아보셔야 된다는 말을 할 수 있느냐?'인 것이다.

이것은 내가 '행복 도우미'이고자 하는 한 지속적으로 연구개발해야 할 숙제이고 명제인 것이다.

그러나 이처럼 아무리 옳고 바른 말일지라도 상대가 마음 상해하면 내가 하는 말의 효과가 떨어짐은 비단 정신과 의사의 진료실에서만 있을 수 있는 특별한 경우의 현상이 아니고 누구나 일상생활 중에 흔히 경험할 수 있는 일이고 특히 부부관계에서는 매일이라도 일어날 수 있는 문제이다.

이를 극복하고 원활한 의사소통을 이루어 바람직한 변화가 일어나고 합력하여 선을 이루고 행복해지기 위해서는 물론 듣는 사람이 상대가 하는 말로 인한 자신의 감정 변화에 머무는 것이 아니라 상대가 하는 말의 의미를 잘 새겨들을 수 있어서 바람직한 반응을 보이는 것이 필요하겠지만 동시에 상대가 잘 알아들을 수 있도록 나의 표현하고 설득하는 요령이 효과적일 수 있도록 변화하는 것 또한 중요한 것이다.

뭐니 뭐니 해도 상대의 변화를 기다리는 것보다는 나 자신이 변화하는 것이 내가 그리 결심만 하면 훨씬 수월한 법이니 나의 행복 그리고 우리의 행복을 위해 내가 먼저 변하고자 하는 마음을 먹는 것이 행복의 지름길이 아닐까 생각해 본다.

행복은?

행복은
추구하여 만났을 때에야
비로소 행복할 수 있는 것이 아니라,

행복하게 보고
행복하게 살고
행복으로 받아들이려는 마음을 먹으면
이미 행복한 것이다.

보람은
하고자 하는 바가 성취된 다음에라야
비로소 보람을 느낄 수 있는 것이 아니라

보람된 인생을 일구어 내려고 마음먹고
하루하루를 성실히 지경하여 나아갈 결심을 하면
이미 보람 있는 삶을 영위하고 있는 것이다.

빛을 향하여 돌아서고
빛 가운데로 나아가면
이미 빛에 둘러싸인
밝고 행복한 세상에 나의 삶이 놓임 같이.

나이 값

"나이는 숫자에 불과하다!"라는 말이 낯설지 않음은 요즈음 세상에서는 어디서나 쉽게 만날 수 있는 젊음을 부러워하고 찬양하는 수많은 사람들이 자신들의 나이 듦을 부정하고 부인할 때 흔히 쓰는 수사 중 하나이기 때문이다.

그러나 내가 그런 생각에 정면으로 반대하며 하는 말이 있다. "아니다! 결코 나이는 숫자에 불과한 것이 아니고 또 아니어야 한다! 나이 값은 있는 법이고 또 있어야 하는 법이다!"

"센 머리 앞에 일어서라!" 하시고, "노인에게 지혜와 명철이 있다!" 하시고, "백발은 하나님이 주신 은발의 면류관이다!"라고 하신 말씀이 바로 나이 값을 일컫는 말이 아니겠는가?

나이는 결코 숫자에 불과한 것이 아닐 뿐만 아니라 결코 그래서도 안 되는 것이다. 어찌 나이테가 60개인 것을, 60의 성상(星霜)을, 춘하추동의 모든 어려움을 뚫고 생존을 유지하여 오늘에 이른 것을 어찌 숫자에 불과하다고 폄하(貶下)할 것인가!

그러나 무조건 나이테 수가 많다고 귀히 쓰이는 것이 아니라 제대로 자랐어야 대들보도 되고 궁궐 기둥도 될 수 있듯이 제대로 나이 값을 키우고 관리할 책임이 각자에게 있는 것이다.

제대로 관리하지 못하고 스스로를 제어하고 다스리지 못하여 아궁이에 불쏘시개로도 쓰일 수 없는 잡목이 되면 그때야말로 나이 값도 못하는, 정말 그 나이는 숫자에 불과한 것일 수밖에 없는 경우도 있을 수 있을 것이다.

돼지는 근수(斤數) 많이 나가면 나이 값을 한다 할 것이다.

그렇다면 사람은 무엇을 나이 값이라 할 것인가?

그리고 나는 나의 무엇을 나이 값이라 생각하며 살고 있는가?

능력있으면 결혼하지 마!
결혼하면 여자가 손해야!

 30대 후반의 직장 여성이다. 생글생글 웃는 얼굴에 밉지 않은 호감이 가는 얼굴이라 당연히 결혼한 여성인 줄 생각했다. 이야기 중 결혼하면 여자가 손해라는 것이었다. 능력만 있으면 혼자 사는 것이 손해도 안 보고 신수도 편하고 좋다는 것이었다. 조심스럽게 미혼인가를 물었더니 너무도 당당히 미혼이라고 답하는 것이었다.

 무엇이 능력인가를 물었다.
 여인 : 경제력이오.
 의사 : 뭐가 경제력이죠? 경제력이 있다는 것의 의미가 무엇일까요?
 여인 : 결국 돈이죠 뭐.
 의사 : 그럼 돈이 있다는 것은 어떤 의밀까요?, 먹고 살 능력이라고 한다면 말이 될까요?
 여인 : 네! 그럴 것 같네요. 뭐니 뭐니 해도 머니가 최고라고 먹고 살 능력이 바로 능력 아닐까요?
 의사 : 그러니까 생존의 가능성이 높은 것이 능력이 있는 것이란 말씀인 것 같네요. 동의하십니까?
 여인 : 네!
 의사 : 그러면 먹고 살 능력이 있으면 시집 안 가는 게 낫다는 말씀인가요?
 여인 : 네, 그런 것 같네요. 결국 그렇잖아요. 결혼이 결국은 먹

고 살려고, 어! 얘기가 그렇게 되나요?
의사 : 한 가지 물어볼게요. 먹고 사는 능력 즉, 생존의 능력이 가장 대접받는 곳은 어딜 것 같습니까?
여인 : 네? 글쎄요.
의사 : 동물의 왕국이 아닐까요? 물을 가장 잘 찾을 수 있는 나이 많고, 경험 많은 암 코끼리가 코끼리 무리의 대장이 되고, 가장 힘세고 싸움 잘하는 사자가 무리의 대장이 되는, 그래서 무리를 살아남게 할 능력이 클수록 대접 받는 곳은, 생존 자체가 살아있는 것의 목표가 되고 보람이 되는 세렌게티 평원 아닐까요?"
여인 : 그렇게 되나요?
의사 : 인간의 능력 중 가장 중요하고 귀한 능력이 돈 버는 능력일까요, 아니면 사랑할 수 있고, 그 아름다운 사랑을 서로 나눌 수 있는 능력일까요?
여인 : …… 생각해 본 적 없는데요.
의사 : 생존한다는 사실 자체와, 그 생존을 딛고 서서 사는 것은 다른 것이고, 사람은 생존을 초월하여 사랑을 나누고 살 수 있는 유일한 생명체이고, 그 사람이 하고, 나눌 수 있는 사랑 가운데 어찌 생각해 보면 가장 아름답고 귀한 사랑을 나눌 수 있는 인간관계가 부부라는 인간관계가 아닐까요?
여인 : 아! 그럴 수도 있겠군요!
의사 : 결혼을 안 하면 안 된다는 말이 아니라, 적어도 생존능력이 곧 인간이 발휘할 수 있는 능력 중에서 가장 귀한 최고의 능력이라는 당연논리가 인간이 행할 수 있는 가장 위대한 일을 원천봉쇄하는 근본논리가 되어서는 안 된다

는 것이죠.

웃으며 다음 면담 약속을 잡고 돌아가는 그 여인의 뒷모습을 보며, "나는 살고 있나 아니면 생존에 급급하고 있나?"라는 생각을 하며 스스로를 되돌아본다.

사랑 노름, 반쪽 사랑, 온쪽 사랑

내가 하고 싶을 때
내가 하고 싶어서
내가 하고 싶은 만큼 하다가
내가 싫증나면(사랑이 식었다고 말하지만) 그만 하는 사랑은,

사랑이 아니라
본능에 의해 작동된 충동의 표현이고
사랑이란 이름의 위험한 놀이이고
신세 망치고 패가망신 당하는 '병적 노름'과도 같은 것이다.

내가 주고 싶어서 열심히 주기만 하고
내가 주는 것만이 참 사랑인 줄 굳게 믿고
주는 사랑만을 집착(執着)하며,

사랑 받기는 거부하는 것이 참 사랑인 줄 착각(錯覺)하여
상대가 나를 사랑하고 표현할 기회를 원천박탈 하여,
(요즈음 엄마들의 사랑이 대부분 이에 속한 경우가 아닐까?)

자식으로 하여금 상대를 사랑할 줄은 모르고
상대로부터 사랑받는 것만을 당연시 하는
후안무치(厚顔無恥)의 염치(廉恥)없는 존재로 만드는 사랑은,

사랑은 사랑이되
충분히 성숙하고 어른스럽지 못한
아직 내 생각에 초점을 더 많이 맞추고 있는
'반 쪽 사랑'이라 칭함이 어떨까?

내가 주고 싶어서도 주고
상대가 원해서도 주고
상대에게 필요해서도 주고

상대의 사랑을 기쁨으로 받고
미처 눈치 없어 반응 안 할 때는
옆구리 찔러서라도 사랑을 표현하게 깨우쳐줘서라도 받고
서로 대등하고 당당하게 사랑을 주고받으며

사랑을 베푸는 것이 아니라
함께 사랑을 나눌 수 있음을 감사하고 행복해 하며
그런 마음과 기회를 주신 분께 영광을 올리는 사랑이야 말로
'온 쪽 사랑'이라 할 수 있지 않을까?

나한테 잘해 준 거 맞아?

불현듯
잘 해주고 싶은 생각이 마구 들어서
마구 마구 많이 많이
내가 하고 싶은 대로 막 잘해 주면

상대에게 잘해 준 건가?
내 감정에 충실한 건가?

아름다운 것은?

아름다운 과거의 추억을 가졌다는 것은
복되고 아름다운 것이나

그 과거의 아름다움에만 머물러 있는 것은
아름다운 것이 아니다.

아름다운 과거의 추억은
그냥 추억의 칸에 머물게 두고

이제 아름다운 미래를 기대하며 계획하고 실행에 옮겨
오늘을 아름다운 과거로 회상(回想)할 수 있도록
지금의 삶에 충실한 것이 진정 아름다운 것이다.

지푸라기 따위나 잡는 짓?

여인의 표정은 웃는 것인지 허무해 하는 것인지 아니면 화를 내는 것인지 분별하기 어려운, 입가에 아주 많은 의미가 담겨있는 듯한 웃음을 띤 채 말하고 있었다.

"어떤 남자가 날 보고 자기 이상형이라고 하면서 정신과에서 상담하고 약이나 얻어먹고 태권도 한다고 어린애들 틈바구니에서 웃기는 몸 동작하는 것은 물에 빠져 지푸라기 따위나 잡으려고 몸부림치는 것 같은 말짱 쓸데없는 짓이라던데요?"

"죽는 것 외에는 도저히 이 고통에서 벗어날 길이 없을 것만 같아요!"라고 그늘진 얼굴로 어쩔 줄 몰라 당황하는 깊은 좌절과 절망에 빠져 허우적대는 듯한 모습으로 첫 면담 때 말하던 여인이었다.

"응급상담을 담당하는 분에게서 그래도 정신과 의사의 도움이 필요할 것이라는 권면을 받고 막상 찾아오기는 했지만 선생님이 나를 뭘 도와줄 수 있을 것이란 기대는 전혀 없이 그냥 와 봤어요"라고 첫 면담 때 마주 앉아서 대놓고 그렇게 말하던 여인이었다.

40이 가까워지도록 인생을 막 산 것도 아니고 나름대로 성실하게 살아왔다고 생각하건만 첫 남편의 주사(酒邪)와 폭력이 너무 심해 도저히 견디기 어려워 헤어진 것까진 몰라도, 이제 다시는 그 어떤 놈에게도 마음 주지 않으리라 했던 결심도 이번 놈의 목숨 걸고 매달리듯 사랑한다고 말하는 열정에 녹아버리고 말았던 것이다.

나이도 열 살도 더 넘게 어린, 어찌 보면 어린애 같은 상대였지만 끝 간 데 알 수 없는 깊은 늪 속으로 빠져 들고 있는 것만 같았던 내 마음을 잡아주고 어루만져 주고 위로해 주고 의지할 만한 강력한 기둥으로 다가오는 그 열정 앞에, '그래! 한 번 더 살아본다고 해서 나라고 안 될 것이 무엔가? 세상 이목과 편견이 신경 쓰이고 무섭다고, 저리도 간절하게 원하는 사랑을 뿌리칠 것 없지 않겠는가?'라는 생각에 죽을 수밖에 없다는 생각을 바꾸어 다시 한 번 시작을 했었다는 것이었다.

표정이 있는 듯 없는 듯 자신의 이야기를 하는 것인지 남의 이야기를 "세상에 이런 그지 같은 일도 있었대요 글쎄!"라고 옮기고 있는 것인지 구분이 어려우리만큼 무감동하게 말하고 있었다. 가끔 방울져 굴러 떨어지는 눈물도 슬프고 분하고 생각나고 억울해서라기보다는 처맛가에서 그냥 무슨 얘기하는데 초가지붕에서 굴러 떨어진 빗방울이 공교롭게도 눈썹 위에 떨어져 마치 흐르는 눈물 같아 보이게 된 것 닦아내듯이 감정이 들어있지 않은 손동작으로 볼 위로 흐르는 눈물을 진료 책상 위의 휴지를 그냥 별스럽지 않은 태도로 꺼내 닦으며 하는 이야기였다.

그런데 이놈도 새살림, 그 어렵게 짓눌러 오는 안팎의 비난을 무릅쓰고 시작한 새살림의 흥분이 채 가시기도 전에, 옛날 놈은 저리 가라 할 정도로 폭력이 난무하는 진면목을 보였던 것이었다.

'나는 왜 이런 꼴을 겪고 보고 보여야 하나? 신(神)도 세상도 그 누구도 이젠 나를 더 이상 도울 수 없어! 오로지 죽어버리는 길만이 이 지겨운 꼴 보기 싫고 함께 하기 싫은 나의 삶과 나를 끊어줄 수 있는 유일한 구원의 길이야!'라고 생각하다가 응급구조된 것이었다.

 그래도 이런 나를 도와줄 분인지 앞으로 놈이 될지는 모르겠지만 하여튼 좋은 나라에 태어난 덕분에 도와준다니까 그냥 오라는 날 가서 몇 차례 상담하다가 어찌 어찌하다 보니 여기까지 오게 된 것이라고 말하고 있었다.

 그랬던 여인이 "나도 좀 더 살아도 되나?"를 넘어서, "그래! 나도 다시 한 번 열심히 살아보자!"라는 결심과 상담사와 정신과 의사의 전폭적인 응원과 격려를 받으며 시작한 아르바이트이고 운동(시간 관계로 초등학생 태권도 반에서)이었던 것이었다.
 그것을 누군가가 이 여인에게 그녀가 자신의 이상형이라고 말하면서 그런 물에 빠져 지푸라기 따위나 잡으려고 하는 듯한 쓸데없는 짓 하지 말고 자기하고나 어울리자고 했다는 것이었다.

 글쎄! 기가 막힌 듯, 아니면 진짜 자신이 쓰잘 데 없는 짓을 또 하고 있는 것은 아닌지 심드렁한 태도로 피식거리며 의사에게 이야기 하는 것이었다.
 그 남자가 누구인지도 모르고 실제로 만나서 이야기를 나누어 보지 않은 관계로 그 사람의 생각이 얼마나 왜곡되어 있는 것인지 얼마나 퇴폐적인지 얼마나 나쁜 놈인지는 모르지만 이 흔들리는 여인에게 보다 강력한 메시지를 심어줄 필요가 있으리라는 생각으로, "님이 하는 행동은 쓸데없는 짓이 아닐 뿐만 아니라 물에 빠진 사람이 지푸라기라도 잡으려 애쓰는 것이야말로 바람직한 변화를 위하여 목숨이 다할 때까지 노력하는 것이니만큼 그 지푸라기 따위나 잡는 행동이야말로 물 위에 있는 사람들이 진짜 본받지 않으면 안 될, 삶을 향한 바람직한 자세이고 숭고한 행동인 것입니다. 이런 귀한 행동을 어떻게 여자나 꼬셔보려고 그렇게 말하는 것은 전혀 일고의 가치도 없는 말입니다!"라고 강한 톤으로 말해 주었다.

예상 밖의 격렬한(?) 의사의 반응에 다소 당황하는 듯 보이던 여인은 곧바로 의사가 전하고자 하는 메시지를 감지한 듯한 모습을 보였다.

그리곤 그리게 누군가의 눈에는 지푸라기 따위나 잡는 듯 별 볼일 없는 허우적댐으로 보여 질지 모르겠지만 지푸라기라도 잡으려 하는 것과 지푸라기 잡으려는 노력조차 안 하는 것의 차이에 대하여 이야기를 나누고 면담을 마쳤다.

"그렇죠, 선생님! 제가 지금 하는, 어찌 보면 어린애 같은 행동이 괜찮은 거죠?" 앞으로도 계속 운동하며 정규직이 될 때까지 알바 할 수 있는 능력과 체력이 있는 것을 감사하며 살겠다고 말하며 웃으며 진료실을 나가는 그 여인을 배웅하면서 물에 빠져 '지푸라기 따위나 잡는 짓'의 의미를 다시 한 번 생각해 보았다.

물에 빠졌을 때 지푸라기라도 잡으려고 애쓰는 마음은 변화를 위한 몸부림이다. 그렇기에 그 무엇과도 비교할 수 없는 말할 수 없이 소중한 것이다. 남의 눈이 의식되고 치사하고 창피한 생각이 드는 것을 극복하고 지푸라기라도 잡으려고 혼신의 노력을 경주할 때 그 한 낱 지푸라기인 줄 알았던 가냘픈 줄이 실제론 피아노 줄인 기적을 경험할 수도 있다.

그러나 어떤 결과가 도래하였는가보다 중요한 것은 바람직한 방향으로의 변화를 스스로 원하고 모든 힘을 다 쏟아 그럴 수 있도록 행동으로 옮기고 있다는 사실이고 그 변화가 이미 시작 되었다는 것이다.

　시작과 끝을 주도하고 다스릴 수 있는 능력이 근원적으로 없는 인간이란 존재로서 인간이 할 수 있는 것이란 실제로 그것이 무엇이었던지 간에 물에 빠진 사람이 지푸라기라도 잡으려 애쓰는 듯 절박하고 간절한 마음으로 살아야 한다는 것이다.
　우리의 삶이 그냥 자연의 흐름 속으로 빠져 소멸되는 것으로 그치지 않고 삶의 의미를 깨닫고 본래 존귀한 자임을 깨달아 멸망당하는 짐승과는 다른 삶을 일구어가기 위하여서라면 지푸라기라도 잡는 절박한 심정으로 간절히 바른 방향과 바른 목표를 찾아야 하는 것이다.
　한가로이 여유를 부리며 자연의 흐름에 몸과 마음과 영혼을 맡기거나 허무주의에 빠져 죽어가는 자신의 모습을 물에 젖어 물속으로 가라앉는 찢겨진 나뭇가지 바라보듯 바라보며 마음의 동요 없이 죽는 것이 마치 엄청난 도(道)라도 득(得)한 사람인 양 착각 속에 사는 미몽에서 벗어나, 참다운 인간으로서의 삶을 살아야 한다. 창조주가 특별한 계획을 가지시고 하나님의 모습을 닮게 창조하신 뜻을 깨달아 아름답게 창조하신 이 세상을 잘 경영하고 잘 다스리고 그 안에서 번성하라시는 축복의 명령에 순종(順從)하여 세상 가운데 낙원(樂園)을 이루고 천국(天國)을 일구어 가는 삶을 살아야 하는 것이다.

　그렇기 위해서는 무엇보다 먼저 해야 할 일이 물에 빠져들지 않기 위해 젖 먹던 힘을 다하여 애쓰며 그러다가 혹시라도 물에 빠졌을 때에는 지푸라기라도 잡으려 발버둥치는 심정으로 간절히 하늘의 뜻을 헤아려 기왕에 주어진 삶을 영광된 삶으로 가꾸어 나아가야 할 것이다.

 지푸라기 따위가 아니라 잡을 수 있는 지푸라기라도 있음을 감사하며 더욱 적극적으로 붙잡을 것이 더 없나를 찾으며 능동적으로 주어진 삶에 임해야 하는 것이다.

믿었더니만

부부는 당연히 서로 아껴주는 것이라 믿고
먹고 사는 데만 정신 쏟느라 남편에겐 별 신경 안 썼더니

언젠가부터 남편이 소원해지면서 이상해지더니
알고 보니 여자가 있는 것 같은데 어쩌면 좋으냐면서 찾아온
50대 초반의 여인과 이야기를 나누다가 말해주었다.

이미 완성(完成)된 부부는 없다고.
부부(夫婦)로 지어져 가는 남녀(男女)가 있을 뿐이라고.

노력은?

노력하면 되기 때문에 노력하는 것이 아니라
노력하지 않으면 안 되기 때문에 노력하는 것이다.

노력해서 되면 당연한 것이 아니라
노력해서 된 것이 감사한 것이다.

노력하면 원하는 바가 다 성취되는 것이 아니라
노력하지 않은 것 보다는 나아지는 것이다.

노력이 인간에게 의미 있음은
인간의 노력은 자연처럼 되는 수동적 현상이 아니라
인간에게만 있는 자유의지의 산물인 '능동적 행함'이기 때문이다.

본능에 의해 지배되는 자연법대로의 삶이 아니라
자유의지로 자연법과 본능의 지배를 극(克)하여
존귀한 인간으로서의 삶을 창조할 수 있는 능력이,

바람직한 방향을 정하고
마땅히 향하여야 할 푯대를 향하여
전심(全心)을 다한 노력으로 항해할 수 있는
인간만이 부여받은 천혜의 축복이,

노력을 통해서만이 구현될 가능성이 있기에
인간다운 인간이고자 한다면 노력해야 하는 것이다.

그 결과가 어떠해야
그 노력이 의미 있는 것이 아니라,

옳은 방향으로의 노력은
그 결과와 상관없이 이미 의미가 있음이니,

노력의 결실 이전에
자연이 줄 수 없는, 세상이 줄 수 없는,
기쁨과 평강과 행복 가운데 거하게 되는 것이다.

관심의 두 얼굴

아내 : 밥 먹었어?(친절하고 상냥하게 묻는 애교스런 말)
남편 : 응!(퉁명스럽고 시큰둥한 대답)
아내 : 당신 뭐 기분 나쁜 일 있어?
남편 : 아니.
아내 : 근데 왜 반응이 그래?
남편 : 내가 뭘?
아내 : 사람이 관심을 보이면 알아서 기분 좋게 응답을 해야지 그런 식으로 대답하니, 난들 관심 보일 맘이 나겠어?
남편 : 그럼 보이지마! 관심 안 보이면 될 거 아냐!

시큰둥하고도 퉁명스럽게 대꾸하는 남편은 아내의 애교스런 질문이 남편이 저녁을 잘 먹었는지가 궁금해서, 남편의 컨디션이 어떤지 관심(關心)을 가지고 묻는 것이 아니라 자신이 오늘 저녁 준비를 해야 하는지 안 해도 되는 지를 확인하려고 묻는다는 것을 알고 있었던 것이다.

남편인 자신의 상태나 심기가 편안한 지에 관심이 있어서 하는 질문이 아니라 아내 자신이 궁금한 사실을 확인하기 위해 묻는 것이란 사실을 평소의 행동을 통해서 알고 있었던 것이다.

남편 : 당신 오늘 기분이 어때?
아내 : 그저 그래!
남편 : 무슨 말이 그래? 남편이 모처럼 마나님 심기가 어떠신지

관심(關心)을 갖고 묻는데, 그런 식으로 찬바람이 불면 어디 또 물어나 볼 수 있겠어?"
아내 : 흥! 그럼 안 물으면 되잖아. 언제부터 그렇게 내 기분 챙겨줬다고. 뻔할 뻔짜다, 이것아!

모처럼 맞은 휴일에 아침 일찍 일어나 밝은 얼굴로 아내의 컨디션을 물어오는 남편의 애교 떨며 하는 질문에 짜증스레 반응하는 아내는 남편의 그 어쭙잖은 관심표명(關心表明)의 속내를 환히 꿰뚫어보고 있었던 것이다. 틀림없이 이번에도 자기네들끼리만 등산가기로 약속해 놓고는 어디서 뭘 하는 것들인지도 모르는 잡것들 하고 시시덕거리며 진탕 술이나 먹고 들어올 약속 다 해놓고 혹시 내가 바쁜 일이 있나 없나를 확인하기 위해 하는 쇼인 줄을 그동안의 경험으로 익히 알고 있었던 것이다.

아내의 컨디션에 관심을 보인 것이 아니라 자신이 원하는 관심사항에 대한 방해요소의 유무를 확인하려고 하는 작전일 뿐이라는 것을 익히 알고 있으니 남편의 관심(關心)이란 말이 가증스럽게 들릴 수밖에 없는 것이다.

아내 : 당신 무슨 일 있어요? 안색이 안 좋아요. 잘 때도 보니까 식은땀 흘리며 앓는 소리 내던데, 요즘 회사가 어려워요?
남편 : 아냐, 일은 무슨 일, 그냥 좀 피곤했나 보지. 지난 번 일도 잘 해결될 것 같아. 너무 걱정하지 마셔. 그나저나 나 자는 거 지켜보느라 당신은 잠도 못 잤겠네?
아내 : 우리 집 대들보 안색이 안 좋은데 내가 아님 누가 당신을 지키겠수. 뭐든지 어려운 일 있으면 혼자만 끙끙 앓지 말고 나한테도 이야기해요. 백짓장도 맞들면 낫다고 하지

않수? 내가 큰 도움은 안 될지라도 내가 당신 위해 기도
할 능력은 있다우!
남편 : 그래! 고마워 여보!

아내의 등을 다독이며 흐뭇한 미소와 피로에 짓눌린, 어쩌면 서로 어울릴 것 같지 않은 두 표정이 한 얼굴 위에서 묘하게 어우러지며 행복이란 그림을 연출한다. 남편은 아내가 진심으로 자신에게 진정어린 관심을 보이는 것을 감사하며 "여보! 내가 당신을 위해서라도 뼈가 으스러지는 한이 있어도 더욱 열심을 내서 이 어려움을 꼭 극복하고 말겠소!"라는 결심을 다지며 한껏 고무된 사기를 느끼며 생활터전으로 돌격하고 있었다.

남편 : 여보! 오늘 별일 없었소? 엄마하고 괜찮았어?
아내 : 별일 없었어요. 어머님 성품이야 원래 그러신 걸 어쩌겠수!
남편 : 그래, 고마워 여보! 조금만 더 우리가 참읍시다. 내가 당신한테 더 잘 할게.
아내 : 별 말씀을 다 하십시오! 그 약속 안 지키기만 했단 봐라!

짐짓 남편을 흘기듯 째려보며 남편 저녁식사 준비하러 주방으로 향하는 아내는 성질 까탈스런 시어머님이 오늘 낮에 자기 속을 북긁어 마음 상했던 것이, 퇴근길에 아들인 자기가 생각해도 별난 성격의 시어머니 시중에 골병드는 아내가 고맙기도 안쓰럽기도 하여 아내의 어깨를 감싸며 다독여 주는 남편의 관심어린 위로의 말 한 마디에 의해 봄 햇살에 눈 녹아내리듯 녹아지는 위력을 발휘하는 것을 느꼈다.

아내도 속으로 씽끗 웃으며 '여보! 당신의 그 관심어린 말 한 마디가 이리도 고달픈 내 삶이 달콤하게 느껴지게 만드는 신통력을 발휘하니 내가 또 속고 살 수밖에 없겠구려!'라고 속으로 중얼거리며 싫지 않은 얼굴로 남편 저녁상을 열심히 차리다 말곤 남편 목욕수건 챙겨 목욕탕 문을 빼꼼이 열며 한 마디 하는 것이었다.
아내 : 아니! 누구 보여주려고 그리도 열심히 때 빼고 광 내슈?

관심에는 두 개의 얼굴이 있다.

하나는 내가 원하는 것만을 바라보는 얼굴이고, 다른 하나는 상대의 상태 특히 심리적 감정적 영혼의 갈등과 곤고함을 진심으로 돕고자 하는 상대를 진정으로 아끼고 사랑하는 마음과 열정을 갖고 관심있게 바라보는 얼굴이다.

즉, 나를 향한 관심과 너를 향한 관심이다.

서로 상반된 과녁을 향해 날아가는 화살은 그 끝의 화살촉을 자르고 보면 똑같은 모양이나 화살대의 모양이 똑같고 같은 제품 똑같은 명품인 것이 중요한 것이 아니라 그 화살의 촉이 향하고 있는, 그 화살이 지향하는 방향에 따라 정반대의 결과를 나타내듯, 관심(關心)은 그 대상이 나인가 아니면 너인가? 관심의 방향이 중요한 것이다.
내 딴에는 관심을 보인다고 하는 행동이지만 그것이 나 자신의 관심사항을 상대에게서 사실확인 하고 있는 것은 아닌지 분별할 수 있는 지혜가 필요하다.
내가 궁금한 것을 확인하기 위해 보이는 '관심인 양 행하는 행동'

은 자신은 나이스한 자신의 행동에 흐뭇함을 느낄지 몰라도 상대에 겐 아무런 감동도 줄 수 없는 것이다.

그런데 인간관계에서 그 친밀함을 강화시키는 힘은 감동에서 나오는 법이다. 나의 성실함이 나의 진정성이 상대를 감동시킬 때 그 관계는 더욱 친밀해지고 밀착되는 것이다. 즉 감동의 밀도가 중요하다. 그리고 이 감동의 밀도는 상대가 진정으로 나에게 관심 갖고 있음이 확인될 때 한없이 증대된다.

나는 이 관심의 두 얼굴 중 어느 것을 자랑스레 드러내며 살고 있는지 스스로에게 물어본다.

그러게 말입니다

요즘 초등학생들의 황당한 답안지 내용 중의 한 예이다.

「우리가 그렇게 속을 썩이고 말을 안 들어도 부모님께서 그럼에도 불구하고 변치 않는 사랑을 베푸시는 것은 왜일까요?」라는 시험 문제에 '그러게 말입니다!'라고 답을 적은 아이가 있었다는 것이다.

이 답을 채점하는 선생님이 점수를 어떻게 주셨을까가 궁금하다. 사실 이러한 질문은 어른들에게도 쉽지 않은 질문이라 무엇이 맞는 대답일지 가늠하기가 쉽지 않을 법하다지만 "그러게 말입니다!"라는 대답보다 더 정확한 대답도 찾기 어려울 것 같다.

그렇다. 부모가 자식을 사랑하는데 어떤 논리로 그것을 증명할 수 있겠는가?
자식이 사랑받을 만하니까 사랑하는 것이라면 그것은 사랑이 아니라 보답일 수밖에 없고 또는 흥정의 결과라고 밖에는 말할 수 없을 것이다.

진정한 사랑은 그 이유를 설명할 수 없는 것이다. '그러게 말입니다'라고 말할 수밖에 없는 것이다. 사랑해야 하는 이유를 설명할 수 있고 사랑할 수밖에 없는 이유와 조건이 있어서 사랑하는 것이라면 그것은 대가이고 거래일 뿐 참 사랑이라고 말하기 어려울 것이다.

샘에서 생수가 솟아오르듯 주체할 수 없이 솟는 사랑은 설명이 어려운 것이다. "왜 그런 문제아를 그렇게도 속 썩이는 자식을 그렇게나 사랑하십니까?"라고 물을 때 "그러게 말입니다!"라는 대답 외에 뾰족하게 설명하기 어려운 것이 사랑인 것이다. 사랑에 이끌려 그렇게 행할 수밖에 없는 것이다.

 이유와 계산은 진실한 사랑이 아닌 것이다. 이는 인간이 본질적으로 '사랑의 존재'로 창조되었기 때문이다. '사람'과 '사랑'과 '삶'은 그 어원이 같은 낱말이다. 사랑하며 살지 않으면 안 되는 이유가 이에 있다. 사랑하며 사는 것이 인간이라는 생명체가 일구어 내는 삶의 본질이고 본 모습이다.
 자신에게 있어서 가장 소중한 것을 아낌없이 내어줄 수 있고 자신에게 있어서 가장 소중한 것을 드려 섬길 수 있는 사랑은 "왜 그런 짓을 힘들게 목숨을 걸고 하냐?"는 질문에, "그러게 말입니다!"라고 답하는 것 말고는 달리 설명할 방법이 없다.

 그러나 중요한 것은 인간이라면, 왜 그런 사랑을 베풀 수밖에 없는지를 설명할 수 는 없지만, 분명한 것은 "지금 이 순간 너무나 행복합니다!"라고 고백할 수 있는 사랑을 하며 상대가 행복을 느낄 수 있게 하고 스스로를 행복하게 해주는 '사랑'을 나누며 사는 자여야 하고, 이것이 사람이 사는 모습의 본질이라는 것이다.

 미워할 수밖에 없음을 당당히 드러내고, 헤어질 수밖에 없음을 철저히 증명하고, 사랑할 수 없음을 설명하기 위해 적극적으로 노력하고, 그런 노력을 "그럴 수 있는 것이 당당하게 사는 거란다."라고 호도(糊塗)하고 부추기는 오늘날, 왜 그렇게 사랑하고 어떤 이유로 그렇게도 크고 깊은 사랑을 받을 수 있느냐는 질문 앞에 "그러게 말입니다"라고 밖에는 대답할 말이 없지만 "그래도, 그렇기에 지금 너무나도 행복하답니다!"라고 웃으며 답할 수 있는 인생이어야 함을 새삼 깨닫게 된다.

"사랑은 말로 설명할 수 있는 것이 아닙니다!"라는 제목으로 들려주신 2011년 7월 1일 새벽예배의 말씀에 작은 깨달음을 더하여 정리해 본다.

"그러게 말입니다!"라는 황당하고, 기상천외 하고 상당히 무책임하고 싸가지 없는 어떤 어린아이의 시험답안 이야기를 들으면서 그 아이의 속생각과는 관계없이 진짜 "그러게 말입니다!"를 다시 한 번 되 뇌이며 그럼에도 불구하고 한없는 사랑을 베푸시는 하나님과 부모님의 사랑에 감사를 드린다.

막내의 환갑

"아들아, 환갑까지 살아줘서 고맙구나", "네가 젊은 시절에 먹어선 안 되고 유익할 것 없는 것들을 먹고 마시는 것을 보며 말은 안 했지만 저러단 일찍 죽을 텐데 생각하며 걱정 많이 하고 기도도 많이 했었단다. 오늘 우리 막둥이가 살아서 환갑을 맞을 수 있음은 하나님의 보우하심과 네 장모님의 정성어린 식보 덕분인 줄 알고 감사 드린다. 무엇보다 우리 막둥 아들이 환갑(還甲)이라니 엄마는 한없이 기쁘구나."

아흔 한 살의 어머니가 막둥이 환갑에 축하금 보내시며 하신 말씀이다. "아들아, 환갑까지 살아줘서 고맙구나!"하시는 어머님의 말씀이 막내의 마음에 이상하고도 묘한 감흥을 일으킨다.

천방지축 무엇이 진정으로 중요한 것인지도 모르며 허상만을 쫓아 다니고 있었던 그 시간에, 나는 생각지도 않았고 전혀 알 수도 없었지만 이 같은 어머님의 사랑으로 애끓는 중보기도(仲保祈禱)가 있었기에 오늘의 나 됨이 있을 수 있었고 그것도 정신과 육체가 강건(剛健)하게 살아있을 수 있었음을 깨닫는다.

오늘의 내가 있음은, 오늘의 나의 나 됨은, 하나님의 허락하심과 부모님의 한량없으신 사랑과 큰 바위 얼굴처럼 닮고 배울 수 있었던 형님들과 막내 동생이 어려움에 처할 때마다 자신은 제쳐두고 물심양면으로 도움을 아끼지 않으셨던 누님, 매형이 계셨기에 가능할 수 있었음을 다시 한 번 깨닫는다.

환갑이나 되어서야 부모님의 은덕과 형제자매의 고마움을 깨닫다니 우매하고 어리석기 짝이 없었던 지난날이 부끄럽다. 그러나 그래도 이제나마라도 확실히 깨달아 앞으로 남은 삶 동안 은총과 은혜를 분별하고 깨달아 감사할 수 있음이 얼마나 큰 축복인가 생각하며 감사한다.

"우리 막둥이가 백수를 했구나! 고맙구나!"하시며 막내아들 백 살까지 산 것을 기뻐하시며 축하금도 듬뿍 주실 그 날을 기대해 본다.
"우리 막둥이 동생이 벌써 백 살이나 먹었단 말야? 징그럽게! 하하하" 하며 기뻐해 주실 형님과 누님, 매형의 얼굴을 그리어 본다.

오늘 하루를, 천년을 사는 것 같은 마음으로, 천하보다 더 귀한 삶으로, 내 인생 최고의 날로 만들고자 진력(盡力)을 다하는 삶의 자세로 임하는 것이 받은 더 없이 큰 사랑에 보답하는 길임을 마음에 새긴다.

노력하면 된다는 거짓이다

"노력하면 된다!"라는 말은 거짓말이다.
"노력하는 대로 이루어진다!"는 더한 거짓말이다.
특히 "원하는 것은 노력하면 이루어진다!"는 혹세무민(惑世誣民)의 사탕발림이다.

그런데 분명한 것은 노력하면 지금보다는 나아질 가능성이 있다는 점이다. 비록 원하는 만큼 다는 아닐지라도 적어도 지금보다는 나아질 수 있다.

이것이 비록 원하는 바가 다 이루어진다는 보장이 없을지라도, 원하는 바가 노력하면 이루어질 것을 믿고, 이루어지게 만들려고 노력하는 당위성의 근거인 것이고 "원하는 바를 이루기 위해서 노력하지 않으면 안 된다!"는 교훈의 근거인 것이다.

노력하지 않으면 그냥이나마 지금의 자리에 놓여 있을 수 있는 것이 아니라 스올로 미끄러져 빠져들어 멸망과 소멸의 과정을 거치게 됨이 지극히 자연스러운 결과이기 때문에, 지금보다 나아지려는, 보다 인간다운 삶을 일구려는, 참된 가치를 이룩하려는 노력을 게을리 하면 안 되는 것이다.

분명한 것은 비록 원하는 것의 다는 아닐지라도 적어도 지금보다는 나아질 것이라는 소망을 갖고 보다 나아지려고 더욱 보람된 삶을 이루려고 더욱 가치 있어지려고 노력하며 사는 것이 인간다운 인간으로서의 삶이라는 것이다.

　　그래서 인간다운 인간이고자 한다면 노력해야 하는 것이다.
　　바른 삶! 바른 방향! 바른 항해를 위하여!

　　"노력하면 된다!"는 거짓말이다.
　　그래도 노력해야 하는 이유는 노력해야 되기 때문이다!

우울은 저주가 아니라 특권이고 축복이다

"정말 정신과 의사는 뭐가 달라도 좀 다르구나! 세상에 그 지독한 몸살을 저리도 감사하는 마음으로 기분 좋게 견딜 수가 있다니!"
"나의 스승님은 참 배울 점이 많으신 진짜 스승이시다. 무엇을 가르치고 지적하지 않으면서도 깨달아 알게 하시니 말이다!"라고 감탄하고 감동할 수밖에 없었다.

스승님 문하(門下)에 들어 정신과 수련을 시작한 지 얼마 지나지 않았을 때였다. 항상 긴장하고 스승님 앞에 서기만 하면 바짝 얼어붙어 괜스레 몸도 마음도 떨리곤 하던 시절이었다. 서울로 유학 와서 할 일은 오직 하나라도 더 배우는 것이란 생각에 스승님 말씀이라면 한 마디도 빠뜨리거나 놓치지 않고 수첩에 받아 적으려고 애쓰고 시간 날 때면 적어 놓은 말씀을 들여다보고 생각하며 그 말씀의 진의(眞意)를 깨닫기 위해 노력하던 시절이었다. 그러다 보니 한번은 날 야단치시는 말씀까지도 정신없이 메모하다가 "아니, 닥터 정! 지금 뭐 적나?" 하시며 날 나무라시고 촌놈이라고 핀잔주시는데 그 야단치시는 말씀까지 적는 바람에 세미나 상황이 한 편의 코미디가 된 적도 있었던 시절이었다.

우리 스승님은 평소에 너무나 철저히 자신을 관리하고 자신의 일에 열심이신 분이다. 항상 새벽 같이 출근 하시면 새로 나온 의학잡지를 섭렵하시고 수련 받는 우리들보다도 항상 더 열심히 새로 발표된 논문을 보시고 공부하는 모습이 우리들에게 귀감(龜鑑)이 되는 그런 분이다.

　그런데 그러던 분이 이틀인가를 결근하신 것이다. 아주 심한 몸살이 나셔서 도저히 출근을 하실 수 없으셨던 것이다. 평소 자신의 일에 충실하신 것은 말할 것도 없고 결근은 고사하고 남들보다 훨씬 일찍 출근하지 않는 날이 없으셨던 분이라, 이유가 어찌되었던지 결근하신 것에 대하여 언짢아하실 줄 생각했던 나의 예상이 보기 좋게 빗나가는 상황이 벌어졌다. 도무지 이해할 수 없는 반응을 보이신 것이다. 결근할 수밖에 없을 정도로 된통 몸살을 앓고 나오셔선 그렇게 좋아하실 수가 없는 것이었다.

　"역시 몸살이 좋고 고맙긴 해! 피로가 말끔히 풀렸어. 몸살이 아니면 내 성격에 어찌 이틀씩이나 늘어지게 누워 있을 수 있겠어! 빨리 몸살이 요번엔 좀 쎄게 와야 할 텐데, 왜 아직도 소식이 없나 하고 있었는데, 역시 때 맞춰 와주는 바람에 잘 쉬었네. 나 못 나오는 동안 환자들 별일 없었지?"
　라고 말씀하시며 아침 세미나를 시작하시는 모습을 보며 "역시 정신과 의사는 약간 맛이 갔다더니(?) 진짠 게로구나!"하는 생각이 들었다.

　그리고 수련의 과정을 겪으며 스승님의 그 말씀이 스승님의 삶에서 만날 수 있는 문제나 고난과 고통을 대하는 태도와 스승님의 문제의 본질을 꿰뚫는 깨달음의 경지가 어떠하셨던 것인지를 배워 알게 되면서 그 후로는 몸살이란 단어를 들을 때마다 전율과 함께 당시 내가 우리 스승님을 약간 맛이 간 분처럼 느꼈었던 나의 우매함을 되새기며 항상 감사하는 마음을 아니 가질 수 없다.

우울은 저주이고 좌절이고 버려짐인가?
우울하면 죽어도 되는가?
우울하면 죽어야 하는가?
우울하면 의례히 죽음으로 귀결될 수밖에 없는 것인가?

우울할 수 있다는 것은 대뇌의 발달이 우울을 느끼고 경험할 수 있을 정도로 발달하고 회복되었음을 의미한다. 즉, 뇌의 분화와 발달이 인간으로서 제 기능을 발휘할 수 있을 만큼 성숙했다는 의미인 것이다.

어린 아이들은 뇌가 어느 정도 발달한 학령전기 쯤에 이르러서야 제대로 불안이나 우울을 경험할 수 있고 그 전에는 자신의 삶이 어떻게 전개되고 있는지 자신의 앞날에 어떤 상황이 기다리고 닥쳐올 것인지에 대하여 아랑곳하지 않고 맘에 안 들 때면 울면 만사가 해결되는 걱정 없는 인생을 누리기만 하면 되는 것이다.

뇌손상을 입은 경우에도 처음에는 천방지축(天方地軸), 어린아이처럼 아무것도 모르고 생각 없고 웃기만 하다가 뇌손상이 어느 정도 회복됐을 때는 비로소 자신의 처지를 인식하고 비관에 빠지고 우울해지는 양상을 보이게 되는 것이다.
이때 가족은 '이젠 우울해지기까지 하나?'하고 걱정을 더 할 수 있으나 실제 상황은 우울해 할 수 있을 만큼 뇌 기능의 회복이 일어났다는 증거인 것이다.

다시 말 하자면 우울은 고등한 수준의 정신기능이고 진짜 제대로 우울할 수 있음은 인간만이 경험할 수 있는 현상이고 생각이 깊고 많은 사람일수록 우울과 고뇌를 통해 인격적으로 더욱 성숙하고 자신의 현실을 직시(直視)하고 자신의 문제를 직면(直面)하고 자신이 스스로의 삶을 좌지우지할 수 없는 나약하고 미약한 존재임을 깨달으며 절망의 나락으로 우울로 빠져들게도 되지만 동시에 그렇기 때문에 하나님을 바라고 그 분 앞에 엎드려 간구하며 어려움을 극복하고 동시에 삶을 통찰하고, 삶의 의미를 깨닫고 영성이 깊어질 수 있는 기회가 되기도 하는 것이다.

아무리 영리한 짐승일지라도 깊은 우울함에 빠지고 고뇌에 잠기는 일은 상상할 수 없는 것이다. 더욱이 그 우울의 고통과 고난을 통해서 하나님을 체험하고 삶의 참된 의미와 목적을 깨닫는다는 것은 상상조차 할 수 없는 일일 것이다.

우울은 인간만이 경험할 수 있는 특권이고 축복이고 인격이 성숙하고 깊어질 수 있는 특별한 기회인 것이다. 우울은 몸살이 몸이 쉬는 것을 강제하듯 정신적 심리적 휴식을 강제하고 성숙을 보장하는 기회인 것이다.

하나님의 임재를 체험하고 영적으로 성숙할 수 있는 기회가 인생의 막다른 길에 자신이 놓여 있는 것 같은 절망과 좌절과 우울을 경험하는 가운데 자신의 교만과 나약함을 깨닫고 인정하고 항상 자신을 지키시며 도우시는 하나님을 체험하고 그분만을 바라보고 의지함으로 극복할 때 도래하게 되는 것이다.

모세도 다윗도 엘리야 선지자도 깊은 고뇌와 갈등과 흔들림으로 인간적으로 좌절하고 낙망하고 우울하여 죽음을 생각하지 않을 수 없는 상황에 몰리게 되었을 때 하나님을 체험하고 위대한 삶을 일구어 낼 수 있었다.

'이제는 정말 죽는 수밖에 없구나!'라고 생각되는 막다른 골목에 놓인 상황에서 진짜 별 볼 일 없는 벌레만도 못한 자신의 진면목을 발견하게 되고 비로소 순수한 마음으로 하나님 앞에 서게 되었던 것이다.

그랬을 때 손 벌리고 달려와 어미 품에 뛰어드는 어린아이와 같이 자신의 모든 것을 내어 맡기며 여호와 하나님께 매달릴 수밖에 없는 자신을 발견하게 되고 그래서 하나님께 매달리고 간구했을 때 위대한 인생의 길을 열어주셨던 것이다.

깊은 우울을 극복하고 벗어날 때 자신이 하나님 앞에 설 수 있는 은총이 이미 주어져 있는 존재라는 것을 깨달을 수 있게 되는 것이다.

우울함에 빠져드는 상황이 어려운 상태인 것은 분명하나 이 우울을 극복하여 우울함이 자신에게 갖는 의미를 깨닫고 받아들일 수 있다면 새로운 심리적 정신적 탄생이 일어나고 영적 존재로의 거듭남이 광석이 담금질을 통하여 정금으로 변화되듯 삶의 근본적인 변화가 일어나는 계기가 될 수 있는 것이다.

그냥 우울함을 느끼는 반응성(反應性) 우울과 병적으로 발병하는 내인성(內因性) 우울은 바람이 불어 일어난 풍랑과 지진 해일로 생겨난 쓰나미가 바닷물의 출렁거림인 것은 마찬가지이지만 그 양과 질에서 완전히 다른 것이듯 서로 완전히 다른 것이다.

따라서 대응 대처하고 치료하는 방법에 있어서도 아주 본질적으로 다르고 다른 접근이 필요하다.

반응성 우울은 문제에 대한 자신의 인식 대응 전략 자신의 성격적 특성에 기인한 반응 등이 주는 영향이 크다고 생각할 수 있다. 이 경우는 따라서 약물로 치료 한다 라기 보다는 약을 활용하고 약의 도움을 받으면서 자신이 우울해지게 된 인과(因果)에 대한 깊은 통찰과 문제가 자신에게 갖고 있는 심리적 정서적 의미를 깨달아 조절하고 수용하고 적응하는 등의 일련의 치료적 노력이 도움이 된다.
즉, 어떻게 보면 외부의 힘에 의해 병을 물리치고 퇴치시키는 것이기보다는 적응하고 수용하고 스스로가 변화하며 문제를 극복하고 초월하여 문제는 그대로 있지만 그 문제가 이제는 더 이상 문제가 아닌 상태가 될 수 있는 변화를 이루어 내는 노력이 필요하다.

그러나 병적으로 발생하는 내인성 우울 또는 주요 우울증은 자신이 처해져 있는 조건이나 상황과 환경이 주는 영향보다는 장티프스나 당뇨병처럼 그냥 우울해지는 병에 걸린 것이다. 따라서 이 경우는 약물로 병을 다스리는 것이 치료의 중추를 이루고 그 병세의 변화추이에 따라 심리적 정서적인 상담과 도움이 보조적으로 필요하게 되는 것이다.

우울하면 이제 인생이 끝났고 죽는 수밖에 없고 죽어야 되고 죽어도 되는 것이 아니다. 떠도는 무책임하고 거짓된 상식에 휘말려 미리 주눅 들고 우울을 두려워하고 피하고 미리 지고 들어가고, '이젠 죽는 길밖에 없다!'란 미혹(迷惑)에 빠지면 안 된다.
우울을 경험하고 우울할 수밖에 없는 고난과 역경에 처했을 때 "너는 이제 끝났어! 죽는 수밖에 없어!"라는 사탄의 속삭임에 말려들어 좌절과 절망으로 빠져드는 것이 아니라 '하나님이 나와 함께

계셔!'라는 믿음을 굳게 잡고 고난을 딛고 일어서는 승리(勝利)를 맛보는 기회(機會)로 삼아야 한다.

혼자 어렵고 외로워 우울의 깊은 나락에 빠졌을 때, 도움을 찾고 멘토를 찾고 영적 지도자를 찾고 하나님 앞에 무릎 꿇고 구해주실 것을 간구함으로 창문을 열어주시고 마음 문을 열어주시고 지혜의 문을 열어주시고 영혼의 문도 열어주심을 경험하는 은총(恩寵)을 누릴 수 있게 된다.

우울과 고뇌란 담금질의 터널을 경험하지 않은 영적 성숙은 있을 수 없다. 우울은 하나님이 특별히 허락하신 변화의 기회이다. 우울은 저주이고 버려짐이 아니고, 사랑이고 축복이고 은총이고 인간만이 누릴 수 있는 특권이다.

본래 싸가지 없고 얌통머리 없는 인간의 본성은 잘 나갈 때는 스스로를 돌아보고 겸손히 자신의 인생을 통찰하기보다는 자존망대(自尊妄大)하기 쉽다. 그러다가 우울할 때야 비로소 자신을 돌아보고 삶을 깊이 들여다보고 하나님과의 관계를 돌이켜 보게 되는 것이다.
따라서 우울은 좌절이고 저주이고 버려짐이 아니라 자각의 기회로 내몰림이고 자각의 기회를 만날 수 있음이고 참된 나로의 재탄생 거듭남을 위한 산고일 수 있다.

우울(憂鬱)은 축복이다!
우울은 인간만이 누릴 수 있는 특권이다!

우울하니까 이제 죽을 일만 남아있는 상태인 것이 아니라 나를 제대로 바로 보아 진정한 나 자신의 모습을 발견하고 문제를 바로 보아 본질을 깨우치고 삶에 깊이를 더하여 단순히 '살아 있는 맛'을 추구하는 자가 아니라 진정으로 '사는 맛'을 일구고 누릴 수 있는 자가 될 수 있는 기회이다.

따라서 우울할 때 오히려 감사하고 기뻐해야 한다.
우울의 터널 너머에 있을 깨달음의 세계를 기대하면서 우울을 다스리고 극복하고 초월하고 이겨낼 수 있어야 한다.

정신적 외도

참 재미도 있고 유익한 프로라는 생각이 들었다.
퇴근길에 우연히 눈에 띈 어떤 코미디언의 열정적이고 생각해 봄 직한 이야기 내용이 2층으로 향하던 나의 발길을 붙잡아 세웠다. 어디선가 본 듯한 코미디언이 열심히 콧소리를 킁킁거리며 이야기 하는 내용을 듣다 보니 이것은 코미디 프로가 아니고 교양강좌에서 나 들을만한 내용인데 코미디언이 열심히 말하고 있었다.
그런데 그 코미디언이 말끝마다 자기를 교수라고 말하는 것이었다. 계속 듣다 보니 코미디언이 교수처럼 말하고 있는 것이 아니라 교수님이 코미디언보다도 더 재미있게 유익한 이야기를 해주고 있었던 것이었다.

재미있고 유익한 말씀 중 특별히 기억에 남는 것은 '3초'면 우리 편인지 아닌지, 앞으로 계속 기분 좋은 관계를 맺고 지낼 사이인지 밥맛 떨어지는 사이가 될 대상인지가 결정 난다는 말씀이었다.
내 표정변화에(인사하며 웃는 얼굴에) 3초 내에 반응이 없으면 정서의 교류는 물 건너가고 게임은 끝나버리고 만다는 지론이었다.

직업적으로 평소 수많은 새로운 사람과의 만남이 필수적인 나에게 머릿속을 크게 울리며 뻥 뚫어 시원하게 해주는 귀한 말씀이었다.

문제는 일 막의 강의가 끝나고 좌담이 진행될 때였다. 진행자가 그 교수에게 그리고 참석한 여러 부부들에게 남편, 아내들에게 돌아가며 질문을 던졌다.

"교수님! 혹시 정신적(精神的) 외도(外道)를 하신 적이 없으십니까?"

바로 조금 전에 열변을 토하며 강의를 할 때, 가난한 유학생이 유학 가서 끝까지 견딜 수 있었던 것은 그 고난의 시절을 함께 겪어내며 여러 가지로 부족한 것 많고 고생만 시키는 가난뱅이 남편이 핑계를 댈 때마다 한 번도 놓치지 않고 해주던 아내의 칭찬 덕분이라고 그 교수님이 입에 침이 마르도록 아내의 고마움을 선포하였었다.
 그리고 숨을 좀 돌리며 아내의 고마움을 칭찬하고 자랑하느라 튀기던 침이 그 입에서 미처 마르기도 전에 이런 질문이 주어졌던 것이다.
 그 뒤로 또 그 프로에 게스트로 함께 출연하고 있던 이 사람 저 사람들에게 이 남편, 저 아내들에게 똑같은 질문을 던지는 것이었다.

누구는 당황하는 모습을 보이고 혹자는 머리를 극적이며 버벅거리고 또 누구는 절대로 그런 일 없었노라고 극구 부인하는 바람에 비웃음(?)의 대상이 되기도 하고, 또 누군가는 "아니! 안 그런 사람도 있어? 일부다처제는 유전자에 들어있는 거부할 수 없는 명령인데!"식으로 당당히 이야기하여 환호(?)를 받기도 하는 것을 보면서, 문득 정신적(精神的) 외도(外道)와 본능적(本能的) 충동(衝動)의 상호연관(相互聯關)과 차이점에 대한 생각과 정리가 필요하다는 생각이 들었다.

전문가들의 학술 모임에서 이 시대의 청소년들과 뭇 사람들의 올바른 가치관을 정립하는 데 도움이 될 수 있는 개념을 정립하기 위해 고뇌를 나누는 숭고하고 거룩한 모임도 아니고 재미있는 일상에서 누구나 겪을 개연성이 있고 혹 부부라는 인간관계에 어떤 영향을 미칠 수 있는 주제에 대해서 "가볍게 짚고 웃고 넘어가려는 의도가 아니었을까?"라는 생각이 들었다. 그러면서도 한편으로는 유전자에 들어 있는 유전정보에 순종하고 본능의 충동에 충실한 것을 그렇게도 당당하게 이야기하며 "그런 충동 생각 안 들어 보고 안 해본 사람 있어요?"라고 당당하게 큰소리로 전혀 부끄럽거나 꺼려하는 표정 없이 말하며, 본능적 충동이 곧 정신적 외도인 듯 이야기하는 것을 보고 우리 청소년 들이나 그 모습을 재미있게 그리고 유익함을 만끽하며 보고 있던 뭇 사람들이 본능적 충동에 의한 정신적인 외도는 누구나 하는 것이니 '나도 해도 별 문제 아닌 게로구나!'라고 받아들여 윤리적으로 무책임하고 나태한 가치관의 사람이 되면 문제라는 생각이 들었다.

그리고 또는 '앗! 본능적 충동이 바로 정신적 외도나 마찬가지 의미이구나!'로 받아들여 지나치게 자신에게 엄격한 사람이 되고 본능적인 충동이 저절로 자연스럽게 당연히 일어날 수 있을 만한 경우까지도 절대적으로 거부하며 그렇지 못할 경우 심한 죄책감에 빠져드는 것을 돕고 조장하는 효과가 나타나면 어쩌나 하는 염려하는 마음이 들었다.

그러면서 '정신적 외도라는 말의 의미를 어떻게 정리하는 것이 적절할까?'라는 생각을 해보게 되었다.

본능의 발동, 꿈틀댐을 느끼는 것은 누구나 경험하는 보편적 현상일 것이다. 그러나 인간에게 있어서는 이러한 동물적 속성의 발현인 본능의 꿈틀댐대로 반응하고 행동으로 옮겨 본능적 충동대로 행동하고 본능의 지배를 받는 것이 당연한 현상은 아닌 것이고 아닌 것이어야 할 것이다.

"마음에 음욕(淫慾)을 품지 말라!"는 말씀도 본능에 편승하여 본능대로 흘러가는 것을 금하는 의미의 말씀일 것이다.

본능적인 충동과 현상을 거부하고 불인정하고 짐승 같은 생각이고 느낌이고 욕구이고 행동이라고 인식하고 폄하(貶下)하는 것은 인간은 기본적으로 생물학적 존재라는 사실 즉, 인간의 실체를 부인하는 것이나 다름없는, 있을 수 없고 있어서는 안 되는 발상이다.

또한 본능적인 충동과 욕구가 꿈틀대는 현상이 자연스럽게 발생하는 것이고 경우에 따라서는 너무나도 당연히 있을 수 있는 충동이라고 해서, 누구도 거부하고 부인할 수 없는 실제적인 상황이라고 해서, 그 충동대로의 행함이 해도 되는 것으로 용인되고 마치 그대로 행하는 것이 자연스러운 것이고 심지어는 선한 가치인 것처럼 받아들여지고 주장되고 본능의 지배에 순응하여서도 안 되는 발상이다.

결국 방향의 문제인 것이다. "의인은 없나니, 하나도 없느니라!"도 성경의 말씀이고 "너희는 주 안에서 온전하라!"는 말씀도 성경의 말씀이다.

사람은 지구상에 실재하고 있는 모든 생명체 모든 동물 가운데에서 여러 포유동물 중의 한 가지 종류인 것으로만 그치는 것이 아니라 자유의지를 가지고 살아가고 있는 자연 가운데에 거하나 자연의 법칙에 온전히 지배당하지 않고 인간만의 자연과 다른 가치체계 안에서 자신들의 삶을 능동적으로 일구어 내고 있는, 자연현상이란 토대 위에 인간으로서의 삶을 창조해 가는 존재인 것이다.

즉, 살아있는 존재, 달리 말해 본다면 자연의 법칙에 의하여 수동적으로 생존되어지는 생존당하는 존재에 머무는 것이 아니라, 자연법칙에 영향은 받으나 온전히 지배되지 않을 수 있어서 조건과 환경과 상황을 대비하고 대응하고 대처하며 극복하고 초월함으로써 자연 가운데 존재하나 그 자연에 속하지 않은 '능동적으로 생존을 딛고 사는 존재'라는 의미이다.

따라서 사람은 '살아있는 맛', 즉, 살아 있음으로 인해 느끼고 경험할 수 있는 것과 더불어 한 차원 더 높은 '사는 맛', 가치 있는 삶을 일구는 맛, 행하여 보람을 느끼는 맛, 깨달아 행하는 자로서의 사는 맛 즉, 행복을 느끼고 살 수 있는 존재인 것이다.

본능적인 충동이 올라오고 그것을 인식하는 것이 정신적 외도인 것이 아니라 본능적 현상을 자연스러운 것이라며 마치 자연스러운 것이 마땅히 행할 바라도 되는 양 그대로 받아들이고 충동대로 행하면서 이를 은밀히 즐기고 다른 이에게도 그럴 것을 권유하면서도 겉으로 드러나지 않는 생각 속의 일이니 누구도 모르는 일이니 상관없고, 때로는 "내가 원해서가 아니라 저절로 일어나니 나도 어쩔 수 없는 노릇 아니냐!"라고 말하기도 하고 심지어는 "그것도 이해 못해!"라면서 자신의 정신적 외도를 문제 삼는 상대를 자연스런 현상, 반응조차 이해 못하는 쪼잔한 위인으로 몰아붙이는 식의 태도가 정신적 외도인 것이다.

　인간은 그 누구도 예외 없이 동물적인 속성의 수준에 머물러 본능의 지시에 따라 자연스레 살 것인지, 인간다움을 지향하여 본능을 조절하고 다스리며 인간관계를 소중히 여기고 훼손치 않으려 노력하며 가치를 이루며 살 것인지의 선택과 결단 앞에 놓이게 마련이다.

　그럴 수 있으니 그래도 되는 것이 아니고 그럴 수 있으니 그러는 것이 당연한 것은 더더욱 아니고 더구나 그래야(본능대로 사는) 되는 것은 결코 아니다.

　짐승은 자유의지에 의한 분별(分別)의 능력과 스스로 선택하고 결단한 방향으로 일관되게 스스로를 다스리며 나아갈 수 있는 행위의 능력은 부여받지 못해 본능에 프로그램 되어 있는 대로 유전인자에 들어 있는 명령 그대로 스스로 어디로 가는 지를 인식하지 못한 채 단순히 생존이란 현상을 유지하는데 급급하며 그럴 수밖에 없는 그 길을 자연스레 흘러가는 자연 중 생물에 해당되는 것이다.

　사람은 자연 중 생물의 범주를 넘어서는 존재이다.
　사람은 짐승과 달리 본능이 자극하고 충동이 일어 알려주는 것을 자유의지를 가지고 취사선택하고 결단하여 마땅히 행할 바를 행할 수 있는 방향으로 자신의 삶을 능동적으로 이끌어 가는 존재인 것이다.

　"존귀하나 깨닫지 못하는 자는 멸망하는 짐승과 같도다!"라는 말씀의 참뜻이 무엇인가를 깊이 묵상하며 하루하루를 감사하는 마음으로 행복하고 기쁘게 서로서로 사랑하는 가운데 인간으로서의 참된 가치를 일구고 실현해 나아가는 삶이어야 하는 것이다.

사람은 자연현상의 일부분으로서 존재하다 소멸되는 뭇 짐승과 같은 존재가 아니라 하나님께서 특별한 계획을 갖고 창조하신 하나님의 자녀로서 살아가야 하는 것이다.

사람은 뭇 짐승들과는 달리 동물적이고 생리적인 현상의 차원을 극(克)하여 자아정체성의 확립을 통한 심리적 존재로서의 탄생은 물론 하나님의 임재를 경험하는 영적체험을 통하여 하나님의 자녀인 영적존재로서의 삶을 살아가야 하는 것이다.

"나는 바보처럼 살았군요!"를 노래한 어느 목사님의 간증이 생각난다.

"나는 짐승처럼 살았군요!"를 죽음 직전에 토로하는 인생이 되어선 안 될 것이란 생각을 해본다.

"나는 참으로 축복받은 인생이었습니다! 이제 가오니 날 받아주옵소서!" 하고 기쁨으로 죽음을 맞이할 수 있는 존귀(尊貴)한 자로서의 삶을 일구어갈 수 있기를 소망한다.

행복은 선택이다

행복은 선택이다!
행복은 운명이 아니다!
행복은 결단이다!
행복은 우유부단(優柔不斷)이 아니다!

행복은 태도(態度)이다!
행복은 조건(條件)이 아니다!
행복은 목표(目標)가 아니다!
행복은 깨닫고 행한 뒤의 보람의 쓰레기다!

행복은 의도(意圖)하고 기대(期待)한 결과(結果)가 아니다!
행복은 먼저 깨닫고 행한 자에게 주어지는 보람의 보너스이다!
행복은 사건(事件)이 아니다!
행복은 부닥친 사건에 대한 해석(解析)이다!

행복은 누가 주는 것이 아니다!
행복은 내가 행복으로 느끼는 것이다!
행복을 소유(所有)하여 행복해지는 것이 아니다!
행복한 사람으로 내가 변화하는 것이다!

행복은 내가 얼마나 멀리 달려갔느냐에 달려 있는 것이 아니다.
행복은 어느 방향을 내가 선택하고 달려가고 있는가에 달려있다!

행복은 그 방향의 끝에 있는 것이 아니다.
행복은 그 과정 중에 내가 느끼고, 해석하고, 받아들이고, 감사하고, 기뻐하는 나의 마음에서 비롯되는 것이다.

행복을 찾아 소유하고자 하는 사람은,
현상적(現象的)이고 물리적(物理的) 실체(實體)가 아닌,
깨닫지 않고는 결코 느낄 수 없는 행복을 찾아 인생을 허비하고,

행복을 선택하고 결단하고 행복할 준비가 되어 있는,
행복할 마음으로의 변화(變化)가 이루어진 사람은,
삶의 과정 자체가 온통 행복인 것이다.

지금,
주지육림(酒池肉林)에 잠겨 있으면서,
좀 더 생존(生存)할 수 없음을 한탄하고 원망하며,
불행을 곱씹으며 죽기를 거부하는 자인가?

돌에 맞아 죽으면서도
이교도의 총칼 앞에 쓰러지면서도,
망나니의 칼 날 아래 무릎 꿇리면서도,
쪽 복음(福音)을 흩뿌리던,

갈길 다 간 자의 행복함 가운데,
죽음을 맞이하는 자인가?

나는 누구인가?

살고 있는 자, 죽고 있는 자
그냥 존재 당하고 있는 자

존귀한 삶은 말 그대로 이해가 되고 받아들여지는 말이나 존귀한 탄생, 존엄한 죽음이란 말은 낱자를 나열, 조합해서 사용하니 낱말이긴 하나 "그것이 무슨 의미일 수 있고, 나와 무슨 상관이 있을까?" 하는 생각이 든다.

나 자신의 삶은 내가 나의 살아 있음을 인식하고, 그 삶의 내용과 질과 양을 정하는데 나의 자유의지가 관여하였으니 당연히 그 의미를 느끼고 그 공과(功過)가 다 나에게 속하였음이 마땅하다 할 것이나 세상에 태어나고 죽음은 내가 인식할 수 없고 의식하여 감지할 수 없고 더군다나 자신의 탄생과 죽음에 스스로 영향을 미칠 수 있다는 것은 어불성설로서 생존의 시작과 끝이라는 영역은 인간에게 속한 것이 아니요 오직 스스로 존재하시는 엘 샤다이, 전능(全能)하신 창조주(創造主) 하나님의 영역일 따름인데 존귀한 탄생 존엄한 죽음이란 말이 남들의, 산 자들의 그냥 해보는 소리 외에 나에게 어떤 의미가 있다 할 것인가?

스스로가 의식이 있어 죽기 직전까지 "이 정도면 존엄한 죽음이야!"라고 자신의 죽는 모습을 연출하고 생각하고 결정하면 그 죽음은 존엄한 죽음인가?
뭇 사람들이 참로 존엄한 삶의 마감이고 죽음이었다고 감탄하고 말한다면 그 죽음이 진정 존엄한 죽음일 것인가?

그렇다면 그 반대로 온 세상 사람들이 "무슨 저런 개죽음이 다 있어!"하고 욕하고 무시하고 비아냥대면 그 죽음은 천한 죽음인 것인가?

탄생과 죽음은 자신의 인지와 인식의 범주를 벗어나서 더욱이 자신의 자유의지와는 아무런 상관도 없이 일어나는 일대 변화라고 할 수 있다.
그런데 이 자신의 인식과 자유의지가 배제된 변화가 그 자신에게 어떤 의미가 있는 것인가?
그 변화에 따라 얻은 결과가 의미는 있을 수 있다 하겠지만 그 변화 자체가 자신에게 어떤 의미가 있는가?
그 변화의 모습이 본인의 생각대로 일어날 수 있도록 각색하고 연출하는 것이 어떤 의미일까?
연출된 죽음이 그냥 죽은 것과 그냥 죽는 것과 어떤 다름이 있는 것일까?

'존엄한 죽음'이 선택할 수 있는 것일까? 존엄한 죽음이 과연 스스로에 의해 선택 가능한 것이고 자신의 마음에 드는 죽음의 모습은, 남들이 마음에 들어 하는 죽음의 모습은, 바로 존엄한 죽음을 의미하는 것일까? 스스로가 그리고 많은 사람이 존엄한 죽음이라고 생각하고 인정하고 부러워하면 그것이 존엄한 죽음인 것인가?
존엄한 죽음이 죽음을 맞이하는 순간의 모습인가 아니면 제대로 바른 방향을 걸으며 잘 살아온 귀감이 될 만한 삶의 과정의 끝에 보일 수 있는 화룡점정과도 같은 순간의 모습이어야 할 것인가?

자신의 의지와 의사에 의하지 않고 세상에 태어나고 세상을 떠나

짐에 있어 아무런 영향력도 발휘할 수 없고 그 어떤 역할도 할 수 없는 존재가 그 태어남과 죽어감에 의미를 부여하고 질을 결정할 수 있는 것일까?

온 백성이 축복하고 건강하고 영리한 아이가 탄생하기를 복비는 중에 태어나면 존귀한 탄생이고 "아들이면 죽을 수밖에 없는 일인데 어떻게 하면 좋을까?" 염려하며 남 몰래 낳아 몇 달 숨기다가 더 이상 어쩔 수 없어 나일강 물에 버려질 수밖에 없는 탄생은 비참한 것이고, 오갈 데 없고 몸져누울 곳 없어 할 수 없이 마구간에서 세상과 만날 수밖에 없었고 세상에 태어나자마자 구유에 뉘어질 수밖에 없는 탄생은 처량하고 비참한 존귀하지 못한 탄생인 것일까?

자신의 삶의 시작과 끝에 대하여 인간 스스로가 관여할 수 있는 것은 그 양적인 면에서 그리고 질적인 면에서 어디까지 가능한 것인가?
어떤 것이 별 볼일 없는 비참한 죽음의 모습이고 죽음이고 어떤 것이 꽤 괜찮은 죽음이고 소위 존엄한 죽음인가?
죽음을 점잖게 받아들이고 치사하게 살려고 발버둥치는 모습을 보이기보다는 제 정신 없어지기 전에 스스로 곡기를 끊고 연명치료를 거부하고 거룩하게 죽어가는 모습을 연출하면 존엄한 죽음인 것인가?

그럼 박해 가운데 짐승에게 물려 죽고 폭도 이교도에게 고문당하며 죽어갈 때 "나를 버리시나이까?" 부르짖으며 애통하며 갈등 가운데 죽어갈 수밖에 없었던 죽음은 비참하고 값없는 죽음이고 죽음 앞에서 허우적대는 모습을 보인 비참한 해프닝일 뿐인 것일까?

최고로 죄질이 나쁜 악인들이나 달려 사형 당하던 십자가형에 처해져 십자가에 양손과 발이 대못에 꿰뚫려 박히고 옆구리를 창에 찔려 피 흘리며 "아버지! 나를 버리셨나이까?"를 외치고, 로마의 지하 감옥에 갇혀 지내다 목 잘려 죽어 그 시체가 어디 묻혔는지도 알 수 없는 죽음은, 십자가에 거꾸로 못 박혀 죽은 그 모습은 그렇다면 처참의 극에 달하는 존엄하지 못한 죽음인 것인가?

암으로 죽기 한 달 전의 사람이 팔굽혀 펴기를 죽을 생각은 꿈도 꾸지 않고 있는 나보다 더 활기차게 하는 모습을 보이니 그럴 수 없어 나약한 모습을 보이시던 선친의 죽어가던 모습은 존엄하지 않은 것이었단 말인가?

코앞에 죽음이 있는 줄도 모르고 마치 영원히 살 수 있을 것처럼 자존망대하는 허황되고 망령된 삶이어선 안 된다. 코앞에 비록 내 눈엔 안 보일지라도 죽음이 항상 대기해 있다는 생각을 갖고 살아야 한다. 죽음이 언제 나를 찾아올지 모른다는 생각을 가지고 살아야 한다. 죽음이 임박해 있을 수 있음을 의식하고 인식하며, 지금이 내 인생의 끝이라는 마음을 갖고 살아야 한다. 죽음 앞에서 세상에 왔을 때와 같은 순수함으로 돌아가고자 애쓰며 살아야 한다. 평소의 삶을 죽음을 앞둔 자의 순수함으로 살고자 노력함이 마땅하고, 그럴 수 있도록 애써야 한다.

살아있는 시간에 마땅히 살아서 행할 일은 생각하지 않고 죽음을 생각하며 죽음 자체를 내가 각색하고 연출할 수 있다고 생각하며 자칫 사는 것을 등한히 하는 삶이 되어선 안 될 것이라는 생각이 든다.

죽음학의 강의를 들으며 다시 한 번 살아 있다는 현실이 나에게 주는 의미가 무엇인지를 생각해 본다.

죽음을 보고 알고 느끼며 삶의 본질을 깨닫고 아직 살아 있는 동안 열심히 살 것에 초점을 맞추어야 함을 말씀을 들으며 다시 한 번 깨닫게 된다.

나는 지금 살고 있는 것인지, 죽어 가고 있는 것인지, 아니면 단지 내 뜻과 상관없이 단지 생존하고 있을 뿐인 생명체인지를 생각해본다.

죽음이란 사건이 나에게 닥쳐올 때라야 비로소 삶의 과정에서 내가 분리되고 삶을 박탈당하는 것인지를 생각해 본다.

항상 죽고 있고 항상 살고 있는 과정 가운데 내 의지와 원함에 의해서가 아니라 우연의 산물로서 생명체로 진화한 존재가 아니라 특별한 계획과 사랑 가운데 태어나 행복한 삶을 영위할 수 있는 축복받은 존귀한 존재가 바로 나 자신임을 인식하며 감사한다.

허락하신 자유의지를 가지고 순간순간의 죽음을, 순간순간의 삶을 인식하고 자각하며 살 수 있음을 감사한다.

오늘 살아서 하나님을 기쁘시게 하고 세상을 아름답게 하고 이웃을 행복하게 할 수 있는 데에 선한 영향력을 발휘할 수 있음을 행복으로 여긴다.

기쁨과 감사로 창조주께 영광 돌리고 찬양드릴 수 있는 삶이 잘 죽는 것이고, 잘 사는 것이고, 그렇게 살다가 하나님의 때에 내 뜻과 상관없이 있게 되는 나의 죽음의 모습이, 나나 너에게 어떻게 보이는 것과 상관없이 창조주께서 "보기에 좋았더라!"하시며 "이제 오느냐? 어서 오너라!"하실 수 있는 삶이어야 하지 않을까 하는 생각을 해본다.

탄생과 죽음은 나의 관여할 바의 영역이 아니니 오직 살아 있는 지금 이 순간 나에게 주어진 삶에 최선을 다해 오늘을 내 인생 최고의 날로 만들고 일구어나갈 결심을 새롭게 하며, 가치 있는 삶을 위하여 신실할 것을 다시 한 번 다짐해 본다.

시작과 끝은 오직 알파와 오메가이신 하나님께 있음이니 행여나 그분의 품성을 닮은 것을 자칫 그분의 능력이 온전히 나에게도 있는 줄로 착각하여 시작과 끝을 범하는 자유의지의 일탈(逸脫)이 있을까 저어하며 오늘도 주어진 삶에 최선을 다할 것을 다시 한 번 다짐해 본다.

마음의 벽(壁)의 위력!

    세상 도처에서 일어나는 일들을 보고 접하고 경험하면서 마음의 벽(壁)을 실감한다. 전직 국방장관의 안보강연에서 증거를 들이대도 믿지 않는 음모설의 추종자들이 엄연히 존재한다는 말씀에 마음의 벽(壁)이 모든 논리와 합리적 판단을 뒤덮는 능력이 있음을 느낀다. 때마침 어느 테러리스트의 죽음을 전해 들으며 누대(累代)에 걸친 마음의 벽(壁)이 갖고 있는 그 엄청난 위력과 영향력을 실감한다.

    마음의 벽(壁)은 남이 나에게 오는 것을 막을 뿐만이 아니라 내가 나가는 것도 막는다는 말씀을 읽었다.
    스스로 갇힌 자 되어 자신이 만들어 놓은 그 높이를 알 수 없는 마음의 벽(壁)으로 둘러싸인 감옥 속에서 한(恨)과 원망(怨望)만을 재생산하며 살게 되니 점차 하는 생각 중에 원망과 불평이 차지하는 비중이 높아지고 언젠가부터 '불평을 하는 자'가 아니라 '불평하기 위해 존재하는 자'로의 변화가 일어나게 되어 불평과 원망의 노예가 되는 것이란 생각이 들었다.
    마음의 벽(壁)이 우리를 불행하게 만드는 위력을 발휘하는 것이다.

    독재 권력을 유지하기 위해서는 지속적으로 위기 국면을 조성하여 정권유지에 필요한 에너지를 공급받아야 하듯이 자신의 마음을 벽으로 둘러싸서 자신도 나가지 못하고 남도 들어오지 못하게 만들어 놓고 불평과 원망만을 곱씹고 사는 사람은 자신이 만들어 놓은 마음의 벽이 약해지고 느슨해지고 무너지는 것을 막기 위해 끊임없이 원망과 불평의 재료를 발굴하지 않을 수 없게 된다. 때로는 자신도 모르는 사이에 다소 억지로라도 불평꺼리를 발굴하거나 심지어 만들기라도 해서 흔들리는 마음의 벽을 보강하기 위해 최선(?)을 다한다.

자신은 이런 식으로 마음의 벽을 어떻게든 두껍고 튼튼하게 만들려고 부지불식간(不知不識間)에 노력하면서도 정작 상대를 대할 때는 상대 보고 그 상대의 마음의 벽을 없애달라는 주문(注文)을 주문(呪文) 외우듯 하는 것이다.

이런 흐름은 어느 불량 정권이나 아집(我執)에 사로잡힌 집단에서만의 현상이 아니라 모든 사람의 마음 안에서 항상 일어나고 있는 현상이다.

누구든지 원망의 노예가 되지 않고 불평불만에 사로잡혀 인생을 불행으로 이끌고 가지 않으려거든 정신을 바싹 차리고 스스로를 돌아보고 통찰(洞察)하고, 각성(覺醒)하여 이 원망의 불꽃을 잠재우려는 노력을 부단히 하지 않으면 안 된다.

이 마음의 벽을 스스로 부수고 깨뜨리고자 하는 노력을 잠시라도 게을리 하는 날이면 잦아들었던 불씨가 슬그머니 되살아나듯 어김없이 우리의 마음 한 구석에서 원망과 불평불만의 불씨가 슬며시 고개를 들고 다시 일어나게 되고 곧 불 일듯 커져서 우리 자신을 관계단절과 고립과 파괴와 불행의 나락으로 빠뜨리는 위력을 발휘하게 되는 것이다.

마음의 벽을 리모델링하여 그 벽을 문으로 바꾸어 때에 맞춰 그 새로운 문을 열고 이웃을 반가이 맞이하고 자신도 자유로이 이웃을 접하고 세상을 넘나들며 살 수 있어야 한다.

이 아름다운 세상에서 서로 사랑을 나누고 누리며 행복한 삶을 일구기 위해서는 본래 부여받고 태어난 존귀한 성품을 부지런히 갈고 닦아야 하는 것이다.

마음의 벽이 자신의 인생을 불행으로 몰고 가는 위력을 발휘하게끔 그대로 놓아두는 것이 아니라 아름다운 성품이 자신의 삶에 더 큰 위력을 발휘하여 세상을 아름답게 하고 이웃을 행복하게 하고 하나님을 기쁘시게 할 수 있는 인생이 되기 위한 노력을 게을리 말아야 함을 다시 한 번 되새긴다.

마음이 바뀌면 삶이 바뀐다

중 1때부터 무던히도 속을 썩이던 딸이다. 술에 담배에 가출에 등교거부에 학생이 할 수 있는 모든 레퍼토리의 속 썩임이 충만(?)했던 딸이었다. 결국 대안학교로 갈 수밖에 없었다. 그러다가 무슨 바람이 불었는지 그냥저냥 정신을 차려 검정고시로 대학에는 겨우 들어는 갔는데 여전히 담배를 못 끊고 있는 것이다.

자신이 너무 너무 바빠서 진저리치게 마음에 안 드는 시어머니에게 딸아이를 아주 어렸을 때 몇 달 또는 몇 년 맡겨둔 적은 있었지만 그것은 자신이 여러 곳에 벌여 놓은 교육 사업이 너무 바쁘고 잘 돼서 어쩔 수 없이 그랬던 것이었다. 그러나 속마음으로는 결코 그런 경우 없고 4대 독자인 당신 아들(남편)만 과잉보호하며 그렇게 귀하신 아들을 자신이 운영하는 교육 사업에서 운전이나 집 관리 같은 허드렛일을 밤늦게까지 시킨다고 자신을 마냥 나쁜 년으로만 몰아붙이는 몰상식한 시어머니에게 아이를 맡길 마음이 없었던 것이다.

남편은 자기가 일중독이기 때문에 시키는 일만 해도 될 것을 이리저리 뒤꼍까지 들쑤시고 다니며 지나치게 일을 하는 사람이다. 그 바람에 자기도 피곤하여 지치고 시어머니 걱정시키고 우리를 괴롭게 하는 것이지 자신이 꼭 그렇게 일을 많이 해달라고 시킨 것은 절대로 아니었던 것이다.

딸만 해도 그렇다. 아이를 시댁 식구들이 싸고돌면서 어찌나 자기를 욕하며 세뇌를 시켰던지 그 아이에게 바라는 게 뭐냐고 상담 선생님이 물으니 "할머니도 좋고 아빠도 좋은데 엄마는 재수 없고 빨리 죽었으면 좋겠다!"고 했단다. "나를 얼마나 나쁜 여자로 몰았으면 애가 그렇게까지 저를 위해 모든 것을 다 바치는 나를 그렇게나 싫다고 표현을 했을까?"하는 생각이 든다는 것이다.

딸이 진료받기 전에 미리 와서 아이의 진단과 앞으로의 치료 방향에 대한 자신의 의견을 앞으로 딸아이 치료를 맡길 생각인 정신과 의사에게 통보(내용상으로는 "내가 생각하고 원하는 대로 아이를 보고 판단하고 진단하고 치료적 조치를 취하세요!"라고 지시하고 있다.)하고 있는 것이다.

말씀을 듣다 보니 자식에 대한 이야기를 하고 있는 것인지 아니면 시간 여유가 있을 땐 데리고 있다가 일이 바빠서 거추장스러울 땐 누군가에게 잠시 맡기는 애완동물 이야기를 하고 있는 것인지 구분이 잘 안 되는 어려움을 느꼈다.
그러면서도 어떻든 자식과 가족을 위해 헌신적인 엄마의 생활태도로 미루어 볼 때 아이가 문제가 있긴 있을 것이란 선입견(엄마의 무의식적 의도의 성공증거?)이 생기는 것 또한 어쩔 수 없었다.

일장연설과도 같은 문제 딸에 대한 자신의 진단과 처방을 일방적으로 통보하고 간 지 몇 시간 후에 그 문제의 딸을 데리고 왔다. 병원에 와서는 진료 받을 차례를 기다리는 동안 대기실 소파에서 잔치를 벌이고 있었다. 식사를 못하고 왔다며 다른 환자랑 보호자들이 보고 있는 것은 전혀 아랑곳하지 않고 가지고 온 빵으로 소파 위에

다 모녀가 먹자판을 벌이고 있었다.(의사생활 36년 동안 병원 대기실 소파에서 그것도 병원에 처음 온 사람이 점심 먹자판 벌이는 것은 처음 당한 경험이었다.)

어떻게 왔냐는 질문에 생글거리며 "담배 끊으려고 엄마가 오자해서 왔어요!"라고 이야기하는 20대 초반의 딸은 천진무구한 것인지 병식(病識)이 없는 것인지 아니면 요즘 세상의 자유분방한 풍조를 앞서 갔을 뿐인 보통의 사람인지에 대한 구분이 잘 안 되었다.
그러나 분명한 것은 엄마가 미리 와서 그렇게도 열심히 나에게 주입시키려 했던 그런 문제를 풀풀 드러내는 상태는 아니라는 것이었다. 엄마의 고자질(?)이 없었다면 깜찍하고 발랄한, 어려서 자칫 곁길로는 들어섰지만 품성 자체는 크게 왜곡되고 오염되지 않은 새내기 대학생으로 여겨질 만한 모습을 보이고 있었다.
긍정적이고 비록 깊은 통찰력은 느껴지지 않았지만 그래도 밝은 모습을 보이며 담배도 끊고 조신(操身)한 숙녀로의 회복을 선포하는 딸의 모습을 보며 '결코 일부러 상황을 부정적으로 보려고 고집할 것 같지는 않은 엄마의 시각과 의사인 내가 보는 시각의 차이가 이렇게 큰 그 편차의 원인이 어디에 있을까?'하는 생각이 문득 들었다.
엄마의 "내 생각은 옳다!"는 편견 때문일까? 아니면 "나는 경험 많은 정신과 의사야!"라는 편협된 내 생각 때문일까 헷갈리는 상황이었다.

그리곤 오늘 아침 "마음이 바뀌면, 삶이 바뀐다!"는 말씀을 접하고, '그렇구나! 엄마는 과거부터 경험해 오던 딸을 보고 있고 나는 어제 만났을 때의 그 딸을 보고 있는 데서 차이가 있을 수 있겠구나!', '엄마가 오늘의 모습에 과거의 모습이 겹쳐져 형성된 딸의 '시공간 퓨전상'을 보고 있다면 나는 엄마의 마음에 남아 있는 딸의 과거 모습이 배제된 단지 지금의 밝고 맑고 화사한 현재의 모습을 보는 것이고 그 차이는 딸의 마음이 바뀐 데 원인이 있을 수 있겠구나!'라는 생각이 들었다.

앞으로 만나면서 경과를 보면 드러날 일이겠으나 "마음이 바뀌면, 삶이 바뀐다!"는 말씀이 큰 울림으로 다가오는 아침이다.

진료 현장에서 흔히 들어왔던 "뭐가 좀 바뀌어야 내 마음도 바뀔 것 아녀요!"라고 큰소리로 말하면서 누군가를 원망하고 조건과 상황과 환경을 탓하던 사람들이 크게 귀담아 들어야 할 말씀이 아닐까 하는 생각이 든다.

"내 마음의 변화가 먼저라는 것을..."

돋는 해와 같은 인생

"돋는 해와 같은 인생!"이라는 말씀에 많은 위로와 도전을 느낀다. "아직 완성을 향하여 나아가고 있는 중!"이란 말씀에 소망을 갖는다. "지금의 어려움도 흐르는 물처럼 결국은 나를 지나쳐 가리라!"란 말씀에 위안을 받는다.

혹여(或如)나 나를 불행의 나락에 빠뜨리고자 획책하는 자나 어둠의 세력이 있다면 그들이 가장 싫어하고 약올라하고 마음 아파하는 것은 내가 그들이 기대하는 대로 좌절과 허무와 불행의 늪에서 허우적대는 모습을 보이는 것이 아니라 돋는 해와 같이 점점 더한 밝음을 발하며 완성을 향하여 빛 가운데로 나아가는 나의 모습이며 스스로 주어진 삶에 최선을 다하여 선을 일구어 내는 행복한 자의 모습일 것을 결단하고 나아가는 나의 모습이며 어떤 어려운 조건과 상황과 환경 속에서라도 행복할 수 있음을 감사하는 나의 모습이라는 말씀에 새 힘이 솟구침을 느낀다.

오늘도 감사하는 마음으로 새로운 하루를 시작하며, "돋는 해와 같은 인생이 되리라!" 마음을 모아 다진다.

산 자(者)의 몫

　많은 사람들이 가까운 자의 죽음 앞에서 망연자실(茫然自失)함을 경험한다.

　꽃다운 10대 초반의 나이에 뇌종양으로 3년 반을 고생하다가 좋아질 듯하다가는 덧없이 스러져간 딸의 이야기를 하면서 "딸이 생각나서 미치겠다!"며 오열을 씹어 삼키는 아버지에게 무슨 말을 해야 할지 말문이 막힌다.

　무슨 일이 있었던 것인지, 아무런 말없이 스스로를 죽음으로 몰아넣은 친구를 생각할 때마다 "내가 좀 더 잘해 줬더라면, 내가 미리 알고 위로하고 도와줬더라면 안 죽을 수도 있었을 텐데!"를 되뇌이며 "그 친구 생각이 날 때마다 나만 혼자 살아 있는 게 너무 미안하고 죄책감이 치밀어 올라 나도 빨리 그 친구를 찾아가 사과해야지만 될 것 같아요!"라며 흐느끼는 목소리로 호소하는 30대 초반의 좋은 직장에 다니는 미혼녀에게 무슨 말로 그 "죽어야만 될 것 같다!"는 왜곡(歪曲)을 바로 잡아줄 수 있을 것인지 앞이 깜깜해져 옴을 느낀다.

　죽은 자의 사진 앞에서 "나는 어떻게 살라고 이리도 무책임하게 떠났소!"라고 죽은 자를 탓하고 원망하며 애고 땜 놓으며 우는 자의 호소는 죽은 자의 죽음을 슬퍼하고 애통하여 울부짖는 것인지 자신이 앞으로 살 길이 막막한 생각이 앞서 "나는 이제 어떻게 사나?"하는 걱정과 푸념을 죽은 자 보고 들으라고 외쳐대는 것인지 헷갈릴 때도 있다.

 과연 친한 자의 죽음 앞에서 가족이나 형제나 자녀나 부모나 존경하는 분이나 친애하는 자나 누가 됐던지 그 누군가의 죽음 앞에서 산 자가 진정으로 해야 할 바는 무엇일까?
 죽은 자 앞에서 산 자의 마땅히 행할 바는 무엇일까? 산 자의 몫은 과연 무엇일까?

 죽은 자 때문에 아픈 내 마음을 추스르지 못해 힘들어 하는 것인가? 죽은 자의 죽음이 받아들여지지 않고 죽게 만든 원인이 납득되지 않고 수용할 마음이 생기지 않아 죽은 자 생각이 나면 날수록 괴롭기 때문에 차라리 떠오르지 말기를 원하고 더 이상 죽은 자를 생각하지 않으려 하는 것은, 죽은 자를 위한 것인가 산 자의 괴로움을 덜기 위한 몸부림인가?
 죽은 자로 인해 슬퍼하고 애통함은 애고 땜을 놓으며 발버둥침은 죽은 자를 위함인가 죽은 자의 죽음에 대한 산 자의 생각이나 감정 정리가 덜 됨의 표현인 것인가?

 무엇이 어떤 것이 사랑하는 자와 죽음으로 인한 헤어짐을 겪게 되었을 때 산 자의 할 일이고 가져야 할 자세이고 느껴야 할 것인가?
 무엇이 바람직하고 마땅히 가져야 할 산 자의 몫인가?

 어찌 '이것이 바로 정답이요!'라 말하며 내어놓을 수 있을까만 어느 노래의 가사처럼 '내 몫까지 살아 주!'라는 의미로 받아들여야 하지 않을까 생각해 본다.

　내가 그를 사랑하고 그가 나를 사랑하였다면 우리가 공통으로 가졌던 그 가치를 끊임없이 쉼 없이 이루고 완성시키기 위하여 이제는 살아 있는 내가 더욱 더 열심히 그의 몫까지 산다는 마음으로 삶에 정진(精進)하는 일이 아닐까 생각해 본다.

　육신은 내 확인의 범주에서 떠나고 이제 물리적인 접촉은 불가능해져서 서로 보고 만지고 육신적으로 확인될 수는 없으나 그와의 사랑이 나의 마음에 녹아있고 그분의 가르침이 내 마음 속에 흐르고 있으며 그분의 영혼이 날 지켜보며 나의 삶이 보다 더 신실하고 바람직한 방향으로 나아가는 성공적이고 행복한 삶이길 바라고 중보하고 계실 것을 생각한다면 육신적으로 확인이 되고 안 되고는 그야말로 아무것도 아니고 얼마든지 죽은 자와 지금도 항상 함께 하고 있는 마음으로 공통의 가치를 이루기 위하여 남은 자로서의 몫을 다할 수 있으리란 생각을 해본다.

손해를 고집하는 장사꾼

　세상의 3대 거짓말은, 그 첫째는 처녀가 시집가기 싫다는 말이고 둘째는 노인이 빨리 죽고 싶다는 말이고 셋째는 거짓말의 최고봉인 장사가 손해 보고 판다는 새빨간 거짓말이라 하지 않던가?

　그런데 세상이 변하여 처녀가 시집가기 싫다는 말이 실제 상황이 되어 인구가 줄어들고 빨리 죽는 게 소원이라던 노인들의 푸념이 사실이 되어 스스로 목숨 끊는 노인들이 급증하고 있는 세상이 되었지만 여전히 거짓말의 최고봉의 자리를 굳건히 지키고 있는 것은 '손해지만 판다!'는 장사꾼의 거짓말이다.

　그런데 애교로 봐줄 만하고 인간적으로 알면서도 속고 사줄 수 있는 거짓 엄살 정도의 거짓말이 아니라 진짜로 손해 보는 장사를 목숨 걸고 인생을 망쳐가며 "차라리 죽으면 죽었지 절대로 이 손해 보는 장사를 그만 둘 수 없다!"를 주장하고 고집하는 경우도 있다.

　이것은 마음에 화(火)를 품고 사는 사람에 해당되는 경우이다. 이것은 화낼 준비를 우등생이 내일 수업을 위해 예습하는 것보다 더 철저히 하고 '누가 나를 건들기만 해봐라!'하며 풍선에 바람이 가득 차서 화기가 근처에만 와도 뻥하고 터지듯이 화가 가득한 마음으로 작은 자극에도 크게 터져 쟁인 화를 폭발시킬 준비를 잔뜩, 충분히 하고 세상을 대하고 사는 사람의 경우이다.

차를 몰고 다니며 편리함과 능률의 향상을 도모하는 것이 아니라 작은 접촉사고에도 핏대를 세워가며 큰 싸움 벌이는 것을 당연히 여기고 미리 화내고 큰소리치지 못하면 질 수밖에 없다고 핀잔하며 그러지 못하는 사람에게 바보라고 코웃음 치며 "내 비록 죽는 한이 있어도 마음에 안 드는 꼴을 못 봐!"라며 작은 불편을 별스럽지도 않은 눈에 거슬림을 작은 마찰과 손해를 목숨 걸고 인생을 걸고 싸우고 분노하고 용서하지 못함으로 자신의 인생을 위태롭게까지도 할 수 있는 손해를 불러들이는 사람의 경우이다.

자기기준이라는 지극히 불확실하고 주관적이고 일방적인 자신의 왜곡된 생각, 자존심(왜곡된 열등감)을 지키기 위해 더 없이 크고 소중한 삶의 가치를 상실하고 손해 보는 것을 마다하지 않는 것이다. 진짜 손해 보는 장사인 것이다.

반면에 용서하는 마음은 긍휼(矜恤)의 마음을 머금고 상대를 바라보고 먼저 다가가 손을 내밀 때 진정한 평강과 기쁨을 맛볼 수 있고 상대의 손을 잡아 용서의 마음이 서로 나누어지기 이전에 이미 용서하는 마음에 베풀어 주시는 평화와 뿌듯함과 보람의 느낌을 축복으로 받게 되는 것이다.

「현대인의 70%는 현재 무엇인가에 화가 나 있다!」는 통계는 현대 사회는 건들면 터지려고 준비된 지뢰(地雷)들이 득시글거리는 역사상 그 어느 시대의 전쟁터의 지뢰밭보다도 고밀도의 움직이는 지뢰들이 가득한 지뢰밭이고, 현대인들은 건들면 터질 준비가 되어 있는 풍선 폭탄과도 같은 위험물들이 충만해도 너무너무 충만해 있는 위험한 시대에 살고 있다는 말일 수 있다.

이런 화(火)에 가득 차 있는 모든 사람들은 손해 볼 준비가 확실히 되어 있다는 의미일 수 있고 그런 사람을 여기저기서 어디서나 아주 손쉽게 만날 가능성이 있으니 이 점을 명심하고 조심해야 만수무강에 지장이 없을 수 있다는 경고일 수 있다.

그리고 무엇보다 중요한 메시지는 바로 나 자신이 그 70% 안에 속해 있는 자일 수도 있다는 사실이다. 누군가가 나를 살짝이라도 비위 상하게 하고 기분 상하게 만드는 날이면 하여튼 건들기만 하면 왕창 인생이 파괴되고 풍비박산 날 정도로 터질 준비에 부풀어 있는 폭탄 같은 위험한 존재일지도 모르니 스스로를 돌아보아 점검하라는 권면의 의미일 수 있는 것이다.

자칫 작은 돌부리에 걸려 넘어져 머리를 깨뜨리는 큰 사고를 당하면 안 되듯, 작은 일에 걸려 넘어져 마음이 상하고 분노에 휩싸여 '죽어도 용서할 수 없어!'라는 진짜 큰 손해 보기를 추구하는 '불량 장사꾼 집단'의 일원이 되는 것을 피해야 할 것이다.

마음의 눈을 크게 뜨고 영혼의 눈을 맑게 하여 자신을 바로 들여다보고 우리의 마음을 상하게 하고 우리의 삶을 변질시키는 분노(忿怒)를 다스리고 쫓아낸 후, 용서와 긍휼의 마음으로 채워 더 이상 손해 보지 않고 진정 남는 장사를 하는 자가 될 수 있어야 할 것이다. 무언가를 남기는 인생이 되어야 할 것이 아닌가.

삶의 종착역에 이르러 지나온 삶을 돌이켜 보며, 체로 그 지나온 삶을 휘- 휘- 저어서 들어 올릴 때, 분노(忿怒)와 원망(怨望)만 잔뜩 걸려 나오는 인생이 아니라 용서(容恕)와 긍휼(矜恤)과 감사(感謝)와 평안(平安)과 기쁨이 넉넉히 건져질 수 있는 삶일 수 있기를 위해 지금 애쓰고 노력해야 하는 것이다.

　소탐대실(小貪大失)하는 진짜 손해를 자처하고 고집하는 어리석은 장사꾼이 되면 안 되는 것이다.
　용서하지 않을 때, 용서하지 못할 때 정작 가장 손해를 많이 보는 사람은 다른 사람이 아닌 바로 자기 자신이라는 사실을 잊지 말아야 할 것이다.

제기랄! 이젠 그만 용서해줄 만도 하잖아?

50대 초반의 부부이다. 오래 전에 부인이 두 번인가 상담한 적이 있었는데 오늘은 부부가 함께 왔다. 초면의 남편은 좀 굳은 표정이고 부인은 예나 다름없이 밝고 환하게 웃으며 인상 좋은 얼굴로 이야기하고 있다.

어떻게 오셨냐는 물음에 요즘 좀 어렵다고, 스트레스 받는 일이 있어서 함께 치료받으러 왔노라고 하며 남편을 보고 사인을 보낸다. 머뭇거리는 남편에게 "당신이 얘기해요"라며 부인은 좀 뒤로 물러앉는 태도를 보이는 것이었다.

한 시간 이상에 걸쳐서 듣고 대화하고 함께 생각을 나눈 것들을 요약하면 대략 이렇다.

남편이 바람을 피웠다는 것이다. 한 3, 4년(부인은 10여 년 전부터 느낌이 달랐다며 좀 솔직히 말하라고 다그쳤다.)됐는데, 지난 번 집사람이 병원 왔을 때 즈음 부인이 알게 돼서 정리했다는 것이었다.

자신이 생각해도 미안하고 잘못했기 때문에 다 정리하고 이젠 가정에 충실하기 위해 직장 끝나면 곧 바로 집에 들어오고 나가지도 않고 술도 별로 안마시고 지내는데 아내는 아직도 그 일을 잊지 못하고 화가 안 풀리는지 가끔 가다가 뚜껑이 열리면 화내고 부수고 생전 들어보지도 못한 온갖 욕을 다 하고 제 정신을 못 차리는 경우가 생겨서 치료받으러 왔다는 것이었다.
　아내 치료에 필요하다면 본인도 치료 받아줄 용의(用意)가 있다고 말하는 것이었다.

　어둡고 조심스런 표정으로 예의 바르게 이야기하고는 있는 것 같으나 실상은 처음부터 끝까지 털어놓아야 할 것을 이야기하기보다는 본인이 생각해서 이야기할 만한 것들만 골라서 말하고 있었다.

　자신의 직업도 알 것 없고 바람피운 상대에 대해서도 알 것 없고 관계도 자세히 얘기할 것 없고 그냥 여자가 있었는데 아내가 알고 난리치는 바람에 정리해 버리고 이젠 아니라는데도 아내는 그 말을 못 믿고 도(度)에 지나칠 정도로 성질을 부리고 사람 자존심 상하게 함부로 말하고 행동해서 때로는 답답하고 화가 나서 다 때려치우고 싶다가도 가정을 지키기 위해 참아 준다는 것이었다.
　그리고 자기가 도움이 될 수만 있다면 아내의 치료에 협조할 용의가 있음을 내비치는 것이었다.

　아내가 남편이 했던 것처럼 몇 년 바람피우다가 남편이 어찌하다 알게 되는 바람에 그만 정리했다 가정하고,
　"이제 다 정리했다는데 몇 번이나 미안하다고 했는데 남자가 옹졸하게 사람 말을 못 믿고 자꾸 뭐라 하나? 당신이 그런 식이니까 내가 바람도 피웠지. 하지만 이제 다 끝나고 정리했으니 잔소리 좀 그만하고 그 얘긴 끝내고 잘 살아보자!"

　이렇게 당당하게 말하고 잠자리에 들어 신음소리까지 지르면 '아! 아내가 이젠 반성하고 나를 위해 이렇게 적극적으로 반응하는구나!'

하고 감격하여 아내를 사랑하는 마음이 솟아오를 것인가? 아니면 '아니, 이 여편네가 저 좋은 대로 용서를 내가 해주는 것이 아니라 제가 마치 자기를 용서하듯 하네!'라는 생각이 들고 '그놈하고 붙어 먹을 때도 이렇게 신음하고 요분질했겠지!'라는 생각이 들면서 울화통이 더 치밀고 창자가 끊어질듯 애통하는 감정이 들지 않겠는가 물어보았다.

고개를 숙이고 한참을 머뭇거리더니 "후자일 것 같습니다!"라고 대답하는 것이었다. 비슷한 경우를 당했을 때 나는 도저히 그럴 수 없을 것 같으면서 상대에게는 "너 내가 그렇게 잘못했다고 말했는데도 왜 아직도 날 용서하지 못하고 그런 지저분한 생각에 사로잡혀 스스로를 불행으로 이끌고, 자기 조절 능력을 상실해서 정신과 치료까지 받아야할 상태가 됐냐?"고 힐책하는 생각을 하고 있냐고 물으니 "제가 그런 것 같습니다!"라고 대답하는 것이었다.

의사 : 용서를 빌기는 비셨습니까?
남편 : 예!
의사 : 상대가 얼마나 마음이 아팠을까에 대한 공감 없이 미안하다고 말 해주고, 집에 일찍 들어와 주고 몸뚱이가 함께 있어 주느라 힘들고 답답하고 짜증나지만 참고 있으면 용서를 빈 것입니까?
남편 : ……
의사 : 진짜 용서를 비셨습니까?
남편 : 아니네요. 진짜 용서를 빈 것이 아니었네요.

관계의 회복과 진실된 마음과 감정의 소통과 보다 깊은 사랑의 공동 운명체로의 새로운 변화를 소망하며 돌아서는 부부를 배웅하며 다시 한 번 생각해 본다.

　진심으로 반성을 하나? 아니면 진심인 줄로 착각하며 반성해주나?

　마음에서 우러나 용서를 비나? 아니면 가정 평화를 위한다면서 용서 비는 행동만을 해주고 있나?

　애통(哀痛)하고 자복(自服)하며 깊이 깨닫고 회개하고 있나? 스스로 거룩하여 회개를 해주고 있나?

　내 생각에 내 욕망에 내 본능에 이끌려 잘못을 범하고, 내 생각대로 내가 원하는 만큼 내 기분이 내키는 정도까지 미안함을 표현하는 것을 진실이고 진심이라 할 수 있는 것인가?

　사람이 특히 대인관계에서 실수함이 어찌 없을 수 있고 상대를 아프게 만듦에서 어찌 자유로울 수 있을까만 그 후에 그 잘못을 만회하고 어그러진 관계를 회복코자 하는 과정에서마저도 자신의 생각과 감정과 본능적 욕구의 틀을 벗어나지 못함으로 인해 자신은 관계개선 노력인 줄 알고 행하는 나름대로의 애씀이 오히려 관계악화를 부축이고 심화시켜 파탄을 불러오고 그 결과에 대하여
　"나도 할 만큼 했는데도 안 됐으니 이젠 내 책임은 없고 네 책임이야!"
　라고 생각하며 자신의 불행을 설명하고 스스로의 불행을 결재하는 사람이 되어서는 안 됨을 다시 한 번 깨닫게 하는 대화였다.

실수했음을 잘못했음을 깨달았을 때 그로 인해 고통당했을 상대의 입장과 마음에, 느낌에 온전히 서려고 노력하면서 그 아픔을 내가 느끼고 반성하고 뉘우치고 용서를 구할 수 있을 때 오히려 비 온 뒤에 땅이 굳어지듯 진실한 신뢰와 사랑의 관계가 회복되고 굳건하게 바로 서리라는 깨달음을 주는 대화였다.

이러한 깨달음이 어려움 가운데에서도 관계의 회복을 위해 애쓰는 그 부부 모두에게 동일하게 임하기를 기원해 본다.

소망! 있는 것인가? 갖는 것인가?

　50대 초반의 주부이다. 표정 없는 얼굴이 전형적인 우울증에 빠져 있는 모습이다.
　너무 지친 듯 말소리마저 맥 빠진 소리, 억양도 없고 길고 짧음도 높고 낮음도 느껴지지 않는 무미건조(無味乾燥)한 느낌을 주는 톤으로 이야기를 했다.

　남편과의 관계가 감정뿐 아니라 생각도 마음도 다 닫혀서 이젠 더 이상 개선의 여지가 없다고 생각한다고 하면서 그런데 어떻게 좋아질 수 없을까 도움받기 위해 왔노라고 조근 조근 호소하고 있었다.

　남편과의 사이가 좋아지고 회복될 수 있도록 도와달라고 찾아왔으면서 마음이 식고 닫혀서 관계를 개선할 맘은 없다는 거였다. 그가 하는 말을 경청하면서도(매우 낮은 톤으로 눈은 내리깔고 조근 조근 말하는 바람에 병상의 환자와 대화할 때보다 몇 배나 집중해서 들어야만 했다.) 답답하고 난감했다.

　남편은 새벽에 나가면 밤늦어서야 들어오고 쉬는 날도 없이 일 년 사시사철 일만 한다는 것이다. 일하는 곳에는 시집 식구들이 총동원되어 꽉 차서 일하니 자신은 끼어들 틈이 없다는 것이다.
　십 수 년 전부터 소매 일을 담당하여 오신 시어머님께 내가 이제 일할 테니 그만 쉬시고 들어가시라 해도 돈 주머니를 안 넘기시려고 그러는지 반대한다는 것이다.
　이런저런 대화 끝에 한숨을 쉬며 "소망이 안 보여요."라고 말하는 것이었다.

　소망이라는 것이 '있는 것'이어서, 그 소망을 가리고 있던 방해물이 걷혀지면 "아! 소망아! 너 여기 있었구나!"하고 볼 수 있고, 발견하고, 그래서 노력하여 내 것으로 만들 수 있으면 그때부터 '소망 있는 자'가 될 수 있는 것인가, 아니면 어떤 조건과 상황과 환경에 처해 있을지라도 무엇인가를 나의 소망으로 삼는 마음을 내가 가짐으로써 '소망이 있는 자'가 되어 현실이 비록 고통스러울지라도 소망의 기쁨을 동시에 느낄 수 있는 것인가에 대한 이야기를 나누었다.

　"소망이 안 보인다!"의 생각에 머물러 있으면서 소망이 보여서 상황이 개선되기를 바라는 사람은 언제까지나 그 대상(상대방)이 개과천선(바라는 이의 식대로)하여 자신의 마음에 쏙 드는 변화를 보일 때까지 한숨과 원망과 낙담, 좌절 가운데 세월을 보낼 수밖에 없는 것이다.
　즉, 변화의 주도권을 포기하고 시작도 제대로 하기 전에 변화시킬 자격도 능력도 없다고 스스로 인식하고 인정하는 태도를 보이고 미리 그렇다고 자인하는 태도인 것이다.

　그러나 어떤 상황일지라도 그 무엇을 나의 소망으로 삼고 그 소망이 이루어질 수 있도록 최선을 다하는 자세는, 그 소망이 실현되고 안 되고 관계없이 이미 자신이 일으키는 변화의 기쁨을 맛볼 수 있게 해주고 처해진 상황이 어떠할지라도 감사와 기쁨의 고백이 있을 수 있게 해주는 것에 대한 이야기를 나누었다.

"알긴 아는데요, 그게 잘되면 왜 선생님을 찾아왔겠어요?"라는 말이 목구멍까지 올라온 것을 억지로 삼키고 참는 듯한 모습으로 쓴웃음을 지으며 나가는 내담자의 뒷모습을 바라보며 삶의 주도권을 스스로 되찾아 어려운 것과 불행한 것을 동일시하는 미망(迷妄)에서 하루 속히 벗어나 어려움을 헤치고 극복하고 초월하여 변화를 기다리는 자의 불안과 절망과 원망에서 변화를 일으키는 자의 보람과 기쁨과 행복이 넘치는 삶으로의 변화가 있기를 기원해 본다.

오늘, 그리고 오늘 이후

오늘 마음에 안 드는 것의 이유를 어제의 잘못에서 찾고 어제의 부당한 대접과 피해당함에서 찾으며 과거의 잘못됨이 바로 잡혀야 내일의 변화가 있을 것이라고 스스로 결정을 내려놓고 있는 한에는 박제(剝製)와 같이, 화석(化石)과 같이 굳어진 과거의 경험은 새롭게 변화될 수 있는 것이 아닌 법이니, 따라서 변화될 수 없는, 불가능에 매달려 오늘의 억울하고 분함을 곱씹고 있는 것일 수밖에 없고 불행의 늪으로 점점 깊숙이 빠져 들어가는 변화 외에 그 어떤 바람직한 변화도 기대할 수 없는 것이다.

그러나 과거의 문제를 파악하고 그 원인과 발생된 제반 문제들에 대한 것들을 소상히 밝혀 아는 것이 중요한 이유는 오늘 그리고 오늘 이후의 바람직하고 보람된 삶을 일구는데 있어 과거의 잘못된 점을 깨달아 고치는 것이 절대적으로 필요하고 도움이 되기 때문이다. 즉, 과거의 잘 잘못을 헤아려 분별하고 숙지하는 것이 바로 오늘 또다시 과거와 같은 우(愚)를 범하지 않는데 꼭 필요하고 유익한 정보를 수집하는 것이기 때문이다.

과거의 경험으로부터 배운 바를 오늘에 되살려 아름답고 보람된 내일을 창조하기 위해 과거의 문제를 깨닫고 잘못된 점을 바로 세우고 뒤틀린 관계를 회복시키고자 하는 노력은, 새로운 있어지는 변화와 행복으로의 연결을 이루어 낸다.

이와 같이 과거의 문제를 깨달아 그 깨달음을 오늘의 행복을 위하여 활용하고 오늘 이후의 행복을 소망하며 노력하는 사람은 소망하는 것이 이루어진 다음에 가서야 행복을 느낄 수 있게 되는 것이 아니라 지금 이미 행복을 느끼고 있고 이것이 바로 행복한 삶을 누리고 있는 인생인 것이다.
 그런 이에겐 그 과거의 삶이 어떠하였거나 그 과거가 오늘과 오늘 이후의 행복한 삶을 위한 축복의 바탕이고 밑거름일 수 있는 것이다.

 문제는 내 마음의 눈이 무엇을 향하고 있는가에 달려 있다. 어둡고 실패와 좌절로 얼룩진 과거만을 보고 있는가, 아니면 그 아픔을 딛고 그 실패와 아픔을 통해 배우고 깨달을 수 있었던 것들을 활용함으로 아름답게 펼쳐질 오늘 이후의 삶을 보는가에 달려 있다.

 과거에 집착하여 불행만을 바라보고 불행만을 묵상하며 불행만을 파고드는 마음이 아니라, 그 과거의 경험을 교훈으로 삼아 오늘 그리고 오늘 이후의 밝고 맑고 행복이 가득한 새로운 삶을 바라보는 마음이어야 할 것이다.

아름답고 행복한 부부는?

기왕에 한 결혼
기왕에 부부로 맺어져 하나의 운명체로 엮어진 우리.

기왕이면 아름답고 행복하며
맛도 있고 멋도 있는 부부라면 얼마나 좋을까?

이는 어느 특별한 사람들만의 별난 소원이 아니라
행복한 삶이기를 소망하는 모든 이들의 기원이리라!

그래서 그렇게 짝을 찾아 나서고
수소문하는 이들도 그리 분주한 것 아닐까?

그러나 그런 수고 끝에 맺어진 부부가
상처입고 판사 앞에, 정신과 의사에게 나아와

자신의 불행을 설명하고, 이리저리 물증으로 증거하고,
상대를 매섭게 탓하는 이들을 보며 다시 한 번 생각해 본다.

맛있는 부부, 멋있는 부부, 아름답고도 행복한 부부는
누구를 어떤 조건의 상대를 만나는 가에 있는 것이 아니라

내가 어떤 남편 어떤 아내이고자 하는 가의 마음과

자신의 삶을 대하는 자세에 있음을,
돕는 배필이 되라는 말씀의 진의(眞意)도 이에 있음을.

"그러니까!"를 외치며,
조건, 상황, 환경에 의해 되어진,
'불행한 삶을 주장'함이 아니라,

"그럼에도 불구하고!"라고 외치며,
조건, 상황, 환경을 극복하고 초월하여 일구어낸,
'행복한 삶을 간증'함에 있음을!

등룡문(登龍門)

　인간이 인간답게 산다는 것은 잉어가 용문의 급류를 통과하여 용이 되는 것보다 훨씬, 비교할 수 없을 만큼 더 어려운 것이다. 이무기는 수백 년, 수천 년을 힘을 비축했다가 때가 차면 그 모아 두었던 모든 힘을 단번에 써서 등룡(登龍)의 과업을 이룬다고 하지만 사람이 사람답게 삶을 영위하기 위해서는 잠시의 머뭇거림이나 쉼도 있어선 안 되기 때문이다.

　잠을 자는 순간까지도 사람이기 위한 노력을, 자연의 흐름을 거슬러 오르는 인위적(人爲的)인 노력을, 본능의 충동을 억제하고 조절하는 노력을, 육체의 소욕에서 벗어나는 노력을 쉬지 않아야 한다.

　잉어가 등룡문(登龍門)을 통과하고 이무기가 용이 된다는 것은 천년에 만년에 한 번 맞는 관문일 것이나 인간이라는 포유동물이 '인간다운 인간'이 되는 등룡(登龍)의 순간은 우리의 숨이 붙어 있는 마지막 날 마지막 순간까지, 매 순간마다 맞는 것이다.

　인간이 인간답게 산다는 것은 미꾸라지가 용(龍)이 되고 이무기가 등룡(登龍)의 관문을 통과하고 잉어가 황하 용문의 급류를 거슬러 오르는 것보다도 훨씬 어렵고 힘이 많이 드는 일일 수밖에 없는 것이다.

　나는 이를 바로 깨달아 알고 대처하며 하루하루를 숨 쉬며 맞이

하는 순간순간을 등룡(登龍)의 과정을 겪어내는 심정으로 사는가를 되돌아본다.

　인생은 미끄럼틀에 얹혀 있는 것과 같아 쉬지 않고 끊임없이 지속적으로 노력하고, 또 하지 않으면 잠시 잠깐이라도 인간답기 위한 노력을 게을리 하면 어느새 자신도 모르는 사이에 미끄러져 내려가서 자연의 흐름으로 짐승의 단순 생존의 흐름의 대열로 떨어져 들어갈 수밖에 없다는 사실을 항상 잊지 않아야 됨을 새롭게 다짐한다.

몸은 소모품이다

　건강이 인생에 있어서 정말로 중요한 것은 분명한 사실이지만 건강이 인간으로서 마땅히 추구해야 할 가치인 것은 아니고 그 자체가 보존의 대상은 아닌 것이며 아닌 것이어야 한다. 그렇지 않으면 건강이 우리의 우상(偶像)이 되고 우리는 건강의 노예(奴隸)가 될 수밖에 없기 때문이다.
　집이, 자동차가, 다이아몬드 보석이, 첨단문명의 이기(利器)가 다 그러하듯, 소모품은 우리의 앞에 또는 우리의 위, 높은 곳에 놓여 있어 우리가 그것을 바라고 향하여 나아가며 추구하는 가치나 대상인 것이 아니라, 우리의 발밑에 있어 그것을 딛고 쓰고 활용하여 본래 인간으로서의 삶이 추구해야 할 마땅히 행할 바를 수행함에 도움을 줄 수 있고 도움이 될 수 있는 필요조건(必要條件)이고 수단(手段)에 지나지 않는 것이다.
　인간이 주(主)이고 조건은 부수적인 것이고 마음과 생각이 주(主)이고 몸은 부수적인 것이며 마땅히 행할 바가 주(主)이고 하고 싶고 해도 되고 하면 좋은 것은 부수적인 것이다.
　이것이 인간이라는 포유동물의 한 종류로서 생존(生存)에 급급한 자(物)가 아닌, 인간다운 인간으로서의 삶을 일구고 영위하는 자(者)의 원칙인 것이다.
　한낱 소모품을 지키기 위해 그 본질을 망각하고 가치를 훼손하며 존귀한 존재로서의 존엄을 스스로 포기하고 폄하하는 일이 없기 위해 정신을 바짝 차리고 살아야 하는 것이 참된 인간으로서의 삶인 것이다.

행운과 실력

 미팅에서 킹카를 만나는 것은 재수이고 은혜라지만 그를 내 곁에 계속, 언제까지라도 머무르게 할 수 있는 것은 내 노력과 내 실력에 달려 있다.
 행운이 스쳐 지나가는 바람처럼 맛만 보는 것으로 그칠 것인지 아주 나의 것이 되고 나의 삶에 큰 변화와 축복으로 자리 잡을 것인지는 나에게 달려 있다.

 이처럼 행운을 붙잡아 나의 것으로 만드는 실력을 키우기 위해서는 나의 삶에 임하는, 대인 관계에 임하는 태도와 자세가 중요하다. 세상과 상대를 받아들이는 마음가짐이 중요하며 진정을 다한 마음 속 깊이에서 우러나는 나의 진정성 있는 성실한 행동이 아주 중요하다.

 인생의 시작과 끝이 신의 영역이고 신이 결정할 사항이라면 시작은 몰라도 그 인생의 끝은 자신이 삶의 과정을 얼마나 성실하게 임했냐에 따라 달라질 수 있다. 이때 신의 마음을 움직여 바람직한 결과를 얻어낼 수 있는 진정과 성실이 바로 참된 실력이다.

 귀한 말씀에 나를 비춰보며 나는 행운을 기다리고 맘에 드는 결과가 이루어지기만을, 정작 행함은 게을리 하며 기대하고 지켜보며 오늘 마땅히 행할 일을 실력을 더욱 키우는 일은 등한히 하고 있지는 않은지 되돌아본다.

참 행복은?

행복(幸福)은 인생이 궁극적으로 그렇기를 원하는 것,
행복(幸福)은 인생이 궁극적으로 누리기를 원하는 것,
행복(幸福)은 인생이 궁극적으로 그 안에 거하기를 원하는 것,

그러나 추구(追求)한다고 다 얻어질 수 없는 것,
그러나 쫓아가 낚아챌 수도 없는 것,
그러나 목표로 삼아 노력 끝엔 절망과 허무만을 안겨주는 것,

어떻게 행복할 수 있을까?
과연 어떻게 하면 그 행복을 얻을 수 있고,
진정으로 행복해질 수 있을까?

행복은 감사하는 마음에서
감사는 있는 것을 보는 마음에서
있는 것을 보는 마음은 깨닫는 마음에서,

깨달음의 마음은 감사와 깨달음을 소망하고 갈망하는 마음에서,
이 모든 것은 '믿는 대로 되리라!'를 믿는 마음일 때 이루어진다.

행복은 감사하는 마음에 뿌리 내리고,
감사하는 마음은 있는 것을 보는 마음에 뿌리 내리고,

있는 것을 보는 마음은 깨달음에 뿌리 내리고,
깨달음은 간절한 소망에 뿌리 내리고,
소망은 믿고 구하는 마음일지니!

좌표(座標)

 경도(經度)와 위도(緯度)가 교차하는 곳이 이 지구라는 현상세계에 있어서의 나의 위치이고 현실이고 그곳이 바로 나의 육체가 위치하고 존재하고 있는 곳이라고 말할 수 있는 나의 좌표(座標)라면, 신(神)과 인간과의 만남이 교차하는 영혼의 세계와 현상세계의 물리적 현상이 마주치는 가치추구와 실질추구의 흐름이 교차하는 곳이 바로 나라는 인간의 인간적인 삶의 좌표, 영혼의 좌표가 아닐까 하는 생각을 해본다.

 도달하고자 하는 목표가 아무리 뚜렷하고 분명하고 바르다 할지라도 자신의 좌표에 대한 인식이 그릇됐을 때에는 결코 그 목표에 도달할 수 없고 그 목적한 바를 이루지 못하고 방황하며 갈 길을 못 찾아 헤매며 표류할 수밖에 없듯이, 삶의 영혼의 좌표가 분명하지 않고 바로 인식하고 있지 못한 상태에서는 온전한 영혼의 소유자로서, 건강한 인간으로서의 삶은 기대할 수 없고 단지 표류하는, 삶의 고해에 떠도는 부평초(浮萍草)나 다름없이 스스로 나아갈 방향을 찾지 못하고 그냥 세파(世波)에 휩쓸려 이리저리 떠돌 수밖에 없는 단지 단순히 생존에 머물고 그치는 현상적일 존재일 수밖에 없다고 말할 수 있다.

 자연현상이란 것은 그냥 있을 뿐인 현상이고 그 자체가 스스로는 의미를 가질 수 없는 본래 그 어떤 의미가 있거나 의미를 내포한 것이 아니듯 우리 인생도 생물학적이고 육체적인 관점에서 인간을 조명해 본다면 그냥 있다가 해 뜨면 스러지는 새벽안개와 같은 존재일 수밖에 없으며 바람에 흩어져 어딘지 간 곳 모르게 사라져가는 흩날리는 티끌과 같은 단순한 자연현상의 극히 미미한 한 부분이라 인정하지 않을 수 없다.

그러나 인간은 자연법에 의해 조절되고 지배되는 삼라만상의 것(物)들과는 달리 영성(靈性)을 가지고 있는 존재이다. 깨달음을 통하여 스스로의 영적 삶의 좌표를 인식할 수 있고 자유의지에 의하여 이 영혼의 좌표를 바람직한, 마땅히 있어야 할 그 어딘가로 움직여갈 수 있는 존재인 것이다. 인간만이 가지고 있는 이런 특성이 인간과 자연을 구분 짓는 가장 중요한 차이이다.

그러나 영성(靈性)의 각성(覺醒)과 자유의지의 바른 구현(具現)은 생물학적으로 나이가 들고 신체적인 성숙이 이루어짐에 따라 자연스레 나타나고 능력이 발휘될 수 있는 것이 아니다. 본래 존귀하나 깨닫지 못하면 멸망하고 소멸되는 자연의 흐름 가운데 존재하는 그냥 어떤 종류의 포유동물인 위치에 머물 수밖에 없고 따라서 자연의 흐름에 몸을 맡길 수밖에 없다.

나의 영혼(靈魂)이 나의 참된 삶에 대한 인식(認識)이, 무엇을 깨달음으로 인해 각성(覺醒)될 수 있는가가, 나의 삶에 나의 영혼에 의미가 부여될 수 있는 가의 존재의미가 있는 인간으로서의 재탄생이 가능할 것인가의 관건(關鍵)이라 할 수 있다.

삶의 좌표의 의미를 깨닫고 자신의 영혼의 좌표를 바로 인식하고 진정 마땅히 나아갈 바를 향해 나아가는 경건한 삶이 바로 이와 같이 단순하게 생존하는 인간이라는 동물로서가 아니라 인간다운 인간으로서 가치 있고 행복한 삶을 이룩하는데 있어서 절대적으로 중요하다 말할 수 있을 것이다.

기쁨

의과대학 본과 1학년 학생이다. 중키에 건장한 체격에 첫인상이 참 호감이 가는 청년이다. 더 좋은 인상을 주는 것은 흔히 공부 좀 하는, 소위 '내가 바로 엘리트입네!'하는 친구들이 보이기 쉬운 싸가지 없는 모습이 전혀 없고 아주 겸손하기까지 한 것이다.

근 2년여 만에 다시 방문하였다. 얼굴에 다소 수심이 찬, 기쁨이 없는 표정이었다. 이야기를 들어보니 진짜로 걱정이 되고 '정말 기쁠 일이 없겠구나!'라는 생각이 들었다.
그도 그럴 것이 남들이 자기보다 뭐가 됐든 나은 점이 있으면 바로 그 점과 자신의 그보다 못한 것과 비교를 하여 자신이 상대방보다 열등하다고 생각하고는 그것을 생각만하면 기쁨이 없어지고 우울해진다는 것이었다.
그러니 상대가 누가 되었든 비교 대상이 무엇이든지 관계없이 그 사람보다 그런 능력보다 자신이 부족하고 열등한 것 같은 부분을 기가 차게 감지해 내니 내 단점 확인하는데 있어서 그야말로 타의 추종을 불허하는 전문가 수준이니 어찌 하루나 잠시 잠깐인들 의식이 끊어지지 않는 한 기쁨이 있겠는가?

공부도 열심히 해서 성적도 올랐단다. 이제 의대공부 중에서 제일 어렵다는 본과 1학년의 시기도 잘 넘길 수 있을 것 같단다. 그런데 그러면 기분이 좋고 마음이 홀가분한 것이 아니라 다른 친구들을 보면서 자기보다 잘난 점만을 자꾸 발견하고 보게 된다는 것이다.

　꽃피는 봄을 지나보내며 청춘 남녀들이 들로 산으로 놀러 다니며 젊음을 마음껏 엔조이하는 것을 보면, '내 청춘은 이렇게 책이나 보고 책상하고 엉덩이 짓물러 터지도록 씨름이나 하다가 없어지겠구나!'라는 생각이 들고 우울해진다는 것이었다.

　이런 저런 이야기를 많이 나누었지만 그 이야기들의 주된 내용은 남들과 자신을 비교하는 마음으로 가득 차서(그것도 지극히 자신을 비관하는 시각) 남들에 비해 자신의 못나고 부족한 모습만 자꾸 의식되어 힘들고 우울하고 기쁨이 없는 생활이 계속된다는 것이었다.

　이야기를 나누면서 상황을 보는 시각이 다를 수 있음에 대하여 이야기 나누었다. 남보다 낫지 못한 것을 보며 우울해 하지 말고 어제의 나보다 나아진, 오늘의 나를 보고 기뻐하며 살자는 이야기를 나누었다.
　상대적 우월성을 확보함으로 행복해질 수 있다는 생각은 끊임없는 비교평가 상황에 나를 노출시키는 것이며 그럴 경우에는 나의 장점을 보기 보다는 상대의 장점과 나의 단점을 비교하는데 익숙하게 되기 쉽고, 이는 곧 나의 모자란 것만을 보는데 익숙하게 만들고, '나는 모자란 것밖에 없는 사람!'으로 스스로를 인식하게 만들게 되니 이는 나를 결코 만족이 있을 수 없는 상황과 수렁으로 몰아넣는 것이나 다를 바 없는 것이라는 이야기를 나누었다.
　그리고 무수한 다양성을 포기하고 너무 작고 적고 한정된 범주 안에 스스로를 가두는 결과를 초래하게 되는 것이라는 이야기도 나누었다.

비교우위를, 비교우위의 조건을 확보하는 것이 기쁨을 맛 볼 수 있는 길이라는 사고방식은 자기 자신이 "내가 원하는 모든 면에서, 모든 사람보다, 절대적으로 우월하지 않으면, 나는 결코 행복하고 기쁨을 누리는 인생일 수 없다!"를 되 뇌이며 열등감만을 자가 생산(自家生産)하는 사람으로 스스로를 몰고 가는 법인 것에 대하여 이야기를 나누었다.

'뭐가 그러냐? 나는 아주 쪼끔만 더 바라는 것뿐인데!'라며 불만족스러워 하는 그것이 별것 아닌 양(量) 또는 질(質)임을 주장하기도 하지만 결국 비교평가 상황에서 상대적 우월의 보장을 원하는 마음은 "언제든지 내가 원할 때, 그 '조금'이 충족되지 않으면 말도 안 된다!"이거나, "바로 그 쪼끔 모자라는 고것 때문에, 나는 절대로 행복할 수가 없다!"가 되는 것이니 이는 그것이 양적인 문제든 질적인 문제든 '조금'인 것이 문제인 것이 아니라 "내가 필요로 하고 원할 때는 내 마음에 들어라!"라는 전지전능한 존재만이 가질 수 있고 말할 수 있는 경지를 원하는 것과 다를 바 없는 본래 불완전하고 부족한 존재인 인간으로서는 도저히 바랄 수도 없고 생각해서도 안 되는 참람(僭濫)한 발상(發想)이라 하지 않을 수 없는 것에 대한 이야기도 나누었다.

그러나 상대적인 관점에서 상대와 비교하여 자신의 우월성을 증명하려다 열등감에 빠지지 않고 어제의 나보다 발전하고 변화한 오늘의 내 모습을 보면서 기뻐하는 것은 문제될 것이 전혀 없는 오히려 바람직하고 권장할만한 삶의 자세라 할 수 있는 것에 대한 이야기도 나누었다.

게으른 자의 자리에 머물러 있을 때의 나와 바람직한 곳을 향하여 나아가고 있는 지금의 나를 비교하여 보면 분명히 어제보다 우월(?)해져 있는 나를 보고 뿌듯함을 느끼게 되고 스스로를 자랑스레 여기게 되며 자신감과 자긍심에 한껏 휩싸여 기쁨을 느끼는 것이 가능할 뿐 아니라 그렇게 사는 것이야말로 진짜 바람직한 것이라는 이야기를 나누었다.

　나를 이기고 다스리는 것이 성을 지키기보다 더 어렵다는 말씀도 있는데 하물며 지키는 것을 넘어 더 나은 곳을 향하여 나아갈 수 있음이니 바로 이런 기쁨을 느끼고 누리며 사는 것이 괜찮은 삶인 것에 대한 이야기를 나누었다.

　이러한 기쁨은 바로 자신의 삶을 바라보는 자세와 삶에 대하여 생각하는 스타일이 '있는 것을 보고 감사함으로 지금의 삶을 충실하게 운용하는 사고방식'인가 아니면 '없는 것을 보며 있는 것마저 저버리고 원망과 불평으로 자신의 삶을 왜곡시키고 포기하게 만드는 사고방식'인가의 차이에 의해서 있을 수도 있고, 없을 수도 있다는 것을 분명히 깨달아야 하는 것이란 점에 대하여 이야기를 나누었다.

　즉 나의 사고방식과 상황과 환경과 조건을 인식하는 나의 인식스타일에 나의 삶이 기쁨일 것인가 우울일 것인가가 달려 있음이니 바로 생각하고 바로 인식하는 사고방식이 얼마나 중요한가에 대한 이야기를 나누었다.
　감사함으로 기쁨과 평강을 누림과 불만에 사로잡혀 열등감과 좌절로 빠져듦이 바로 나의 삶을 대하는 마음의 자세에 있음에 대해 이야기 나누었다.

대답(對答)

상대의 말을 들었다기보다는 상대가 하는 말의 소리 자극(刺戟)을 느껴 반사적(反射的)으로 대응(對應)으로 하는 행동은 대답이 아니라 반응(反應)이라 해야 맞다.

상대방의 말하는 소리를 듣고 그 말의 의미에 걸 맞는 반응을 하는 것은 대답이고 대화지만 그 말소리가 자극하여 떠오른 내 생각을 말하는 것이라면 이것은 대답이라기보다는 반응이라 해야 마땅할 것이다.

상대방의 말이 뜻하는 의미를 알아듣기는 하였으나 그 의미에 대하여 생각하고 반응하기보다 그 의미에 의해 자극되어 떠오르는 상대의 말과 별로 관련되지도 않고 상대가 듣고자 원하는 방향도 아닌, 그냥 내 생각만 일방적으로 이야기한다면 이 또한 대답이라 할 수 없고 단지 반응에 지나지 않는 것이라 평가하지 않을 수 없다.

상대의 말을 듣고 그 말이 의미하는 것이 무엇인지를 인식하고 이해하고 그 상대가 하는 말의 의미에 맞게 해당되는 의미를 지닌 말을 해야 상대의 말에 공감하고 동의하는 내용이 아닐지라도 그것을 비로소 대답이라 할 수 있다.

우이독경(牛耳讀經), 동문서답(東問西答), 우문현답(愚問賢答) 같은 옛 어른들의 말 속에 이런 의미가 담겨있는 건 아닐까 생각해 본다.

시집 식구들이 다 보고 있는 데서 자기 뺨 싸대기를 올려 붙인 두 살 연하의 남편을 원망하는 아내에게, "우리 어머니에게 말대꾸하고 대드니 어떻게 싸대기를 때리지 않을 수 있었겠느냐."를 조용히 점잖은 태도로 조근 조근 이야기하며 그와 같은 행위가 결혼하고 몇 년 째에 있었던 일인지조차 기억에 없고 그 후로도 몇 차례 참다 참다 정 못 참을 때만 구타한 것은 자신의 수양(修養)이 그래도 괜찮은 덕분에 참아서 그럴 수 있었음이라고 은근히 스스로의 참을성과 성숙한(?) 인격을 자랑스레 이야기하는 남편과, 친정 엄마가 자신이 전화했을 때 제대로 대꾸도 안 해주고 별말도 없이 그냥 전화 끊어버렸다고 엄마와 발 끊고 "시누이가 오빠 생일 날 오빠에게 생일 축하 문자를 어떻게 올케인 자신과 상의도 없이 하는 법이 어디 있어요?"라면서 시누이와 의절(義絶)하고, 남편이 시부모에게 자기와 상의 없이 반지 목걸이 해줬다고 온갖 쌍욕을 애들 보는 앞에서 해대면서도 "나는 오로지 가정과 남편과 애들을 위해 희생하며 살아왔을 뿐이에요!"를 주장하는 아내의 호소를 들으며 다시 한 번 깨달은 생각이다.

　담벼락을 보고서도 인자하고 한없는 사랑을 베푸시는 엄마를 떠올리며 이야기를 하면 마치 엄마가 앞에 서서 웃으며 감싸주고 위로해 주는 듯한 평안함을 느낄 수 있지만, 그 반대로 사람을 앞에 두고 이야기 하면서도 그를 담벼락 취급하면 상대로부터 어떤 위로도 따스함도 느낄 수 없고 우이독경이요 마이동풍일 수 있는 것이다.

　상대 자체가 벽이나 말이나 소같이 무반응인 경우도 있을 수 있겠지만 내가 상대를 벽이나 소나 말로 내 마음 속 깊이에서 취급하고 있을 수도 있다는 의미이다.

말이면 다 말이 아니고 말 같아야 말일 것인데 사람은 말을 나누고 대답(對答)을 하며 사는 존재이지 서로 마주보고 내가 생각하는 것을 소리로만 발(發)하고, 마치 돌 앞에 서서 그 돌에게 내 마음대로 말하듯 내 일방의 뜻만을 선포하며 사는 존재가 아니고, 아니어야 한다.

그런데 서로 상대에게 상대가 필요하고 알아들을 수 있는 말은 하지 아니하고, 상대에게 상대의 물음에 의미가 닿는 상대가 원하고 기대하는 대답 같은 대답은 하지 아니하면서, 짐승이 서로 노려보며 겁주려고 으르렁거리듯 자기만 잘났다고 큰 소리로 포효(咆哮)하듯 자기 소리만 내고 있는 부부를 보며 다시 한 번 깨달은 것이다.

나는 과연 말을 하며 살고 있는가?
나는 진짜 제대로 대답을 하며 살고 있는가?

나는 혹시 그냥 이리 저리 땅에 코 박고 주억거리며
먹을 것, 만족꺼리 찾으며 으르렁거리고 있는 것은 아닌가?

생일빔

"야! 너무 좋다! 그래! 옷이 이래야지. 아이, 이젠 숨 좀 쉬겠네!"
내 입에서 만족과 찬사가 화투칠 때의 자연 뽕처럼 연발탄으로 튀어 나온다. 나도 모르게 옷 입으면서 이런 감탄이 나오는 걸 보니 정말 맘에 들고 좋은가 보다. 어제 아빠 생일빔으로 딸들이 돈 모아서 맞춰준 반팔셔츠가 말이다.

어려서는 양말, 좀 커서는 러닝셔츠, 팬티더니, 최근 몇 년은 반팔셔츠. 어려서나 지금이나 돈 버는 것 없는 처지에 어렵기는 마찬가지일 터인데, 아버지 나이 체면 때문인지 아니면 자기들 나이 체면 때문인지, 양말에 비해 단가가 수십 배는 더하는 옷(아비 생일이 통상 하짓날인 관계로 여름용 반팔셔츠)으로 아버지 생일빔의 단가가 상향조정이 된 것이다.

기특한 일이다. 어려서부터 부모 생신 챙길 줄 모르는 불효가 있어선 결코 안 됨을 내 생일 언저리에만 다다르면 귀에 못이 박히도록 떠들고, 저희들 생일이 다가올 때는 낳아서 키워준 부모 은공도 모르고 자기 생일에 부모님께 선물도 하지 않음은 가히 패륜지경(?)의 망발임을 말 배우기 전부터 주입해온 성과가 나타난 증거가 제 철이면 찾아드는 생일빔이었던 것이다.

그런데 양말은 사다주면 그냥 신을 수만 있을 정도면 만사형통이었다. 내가 무슨 양말 패션 따지는 사람도 아니고 양말 색상 따질

일도 없었기 때문이다. 러닝셔츠나 팬티는 대충 아버지 배 둘레 성장(?)하는 것 맞춰서 사이즈 키워 나가면 별문제 없었다.

그러나 옷은 좀 달랐다. 선물 사느라 들어가는 돈은 양말에 비해 몇 십 배인데 궁한 용돈에 큰 맘 먹고 무리하면서까지 아버지한테 선물하고 나서 오히려 싫은 소리 듣는 것은 몇 백배였다.

왜냐하면 나는 옷맵시보다 옷을 풍성히 여유만점으로 입고 큼지막한 윗주머니가 달려 있는 것이면 만족하는 스타일이었기 때문이다. 평상시 필요한 세간 사리를 가능한 필요한 모든 것을 셔츠 가슴에 바지 주머니 크기는 됨직한 주머니를 양쪽 모두에 특별 주문제작으로 달게 하곤 그곳에 넣고 다녀, 옷 입으면 주머니가 묵직한 맛을 즐기시던 우리 아버지(아이들 할아버지) 때부터의 유전(?)을 무시하고, 저희들 신세대 취향대로 옷도 꼭 맞게, 주머니도 할 수 없어 두 개를 달기는 하지만 아담 사이즈로 주문을 해서 달았기 때문에 전혀 내가 선호하는 크기가 아닌 고로 옷을 입을 때마다(딴 옷이 없으니 입기는 하지만) 구시렁대며 "옷이 이게 뭐냐!"고 투덜거리고 못마땅해 하는 불평불만의 소리를 이 아버지로부터 계속 들어왔던 것이다.

돈은 더 쓰고 욕은 더 많이 먹었던 것이다. 딸들이 아무리 "새 반팔 셔츠 입으니 아버지 멋있어요!"해도 나는 맘에 안 드는 것을 어쩌란 말인가?

"군대식으로 옷에 나를 맞추려면 왜 제대를 했겠나? 그냥 말뚝 박지!" 나는 옷을 입으면 품이 넉넉하고 여유가 있어야 되는데 꼭 째고 주머니도 필요한 거 두 개만 넣으면 불룩해져서 "웬 남자분이 이렇게 유방이 크세요?"라면서 여기저기 오다가다 만나는 아는 사람들이 남자 여자 할 것 없이 수시로 성희롱(내 허락도 없이 그게 뭐냐면서 불쑥 나온 가슴을 만져보니 성희롱 아니고 무엇인가?)을 해대는 형편이니 내가 짜증이 안 나고 배길 재주가 있을 수 있겠냐는 말이다.

날 보고 취향을 바꿔 옷 좀 적당 사이즈로 입고 주머니에도 뭘 넣지 말라니 아니 내가 이 나이에 옷에 몸 맞출 일 있으며 아버지로부터의 소중한 유전을 다른 이 궁금증 안 불러오고 한낱 옷감 줄이기 위해 포기해야 한단 말인가?

그리고 무엇보다 중요한 것은 선물을 할 때는 선물이 선물 '하는 자'의 마음에 드는 것이 우선이어선 안 된다는 점이다. 선물을 기왕에 하려면 선물 '받을 사람'이 좋아할 것이 무엇인가를 우선해서 생각해야 효과적일 텐데 선물하는 자신의 생각이 앞선 것이 문제인 것이다. 그래서 일 년 내내 옷 입을 때마다 잔소리 듣기를 자초(自招)한 효과가 날 수밖에 없게 되는 것이었다. 없는 살림에 이 주머니 저 주머니 박박 긁어서 아버지 생일빔 선물하고 일 년 내내 욕먹는 짓을 그동안은 해왔던 것이다.

올해는 달랐다! 아버지가 제일 아끼고 사랑하는 품이 무지 무지 넉넉한 자루 같은 옷과 거짓말 조금 보태서 쌀부대만한 주머니가 양쪽 가슴에 달려있는 하나뿐인 셔츠와 똑같이 해달라고 맞춤집에 주문을 한 것이었다. 그래서 받은 생일빔이 너무 너무 내 맘에 드는 것이다.

"기왕에 줄 것이면 그 상대 마음에 드는 걸 줘야 주고도 욕 안 먹고, 좋은 소리 듣는다!"는 진리가 여기서 또 한 번 실증이 된 것이다.

인간관계에서의 관계를 개선시키고 회복시키고 사랑의 관계를 더욱 공고히 할 수 있는 행동 근거의 원리가 바로 이것이 아닌가 하는 생각을 해본다.

문제나 갈등이나 상황을 상대의 입장에서 보려는 노력이 있으면서 그 문제에 접근하고 베푸는 것과 내 입장에서 그냥 내 생각대로 대응하고 베푸는 것은, 상대를 감동시킬 수 있는 사랑이 깃든 배려(配慮)와 그냥 좋은 마음으로 적선(積善)하는 것과의 차이 같은 차이가 있을 수 있다.

일방적인 적선(積善)은 그 행하는 마음의 선한 동기와는 반대로 자칫 그 대상의 감정을 상하게 할 수도 있다. 나는 순수한 마음으로 선한 동기를 가지고 했다 하더라도 배고픈 이에게 무거운 솜이불 선물하고 목마른 이에게 카스테러 선물해선 좋은 소리 듣기보다는 "제 흥에 겨워하는 사치스런 적선(積善)놀음 행위에 내가 협조할 게 뭐냐?" 소리를 들을 수도 있는 것이다.

이러한 점을 대인관계에 감안하고 대처할 수 있는 슬기가 대인관계의 회복과 완성도를 높이는데 도움이 될 수 있을 것을 새삼 깨닫게 되었다.

진짜 기분 좋게 치하해 본다.

"딸들아! 고맙구나! 올 해의 생일빔은 아주 마음에 썩 든다! 수고했다. 하하하."

왜 무병장수(無病長壽)여야 하는가?

사람이라면 "건강하게 오래 살고 싶다. 무병장수가 소원이다."라는 소망(所望)을 누구나 갖고 있다. 그 점을 부인할 자는 세상에 아무도 없을 것이다. 그렇다면, '그럴 수 있으려면 내가 무엇을 어떻게 해야 하나? 무엇이 나를 무병장수하게 할 수 있을까?'하는 생각이 뒤따르는 것은 자명(自明)하다.

그렇다 보니 이 소원을 성취시키기 위해 인생을 걸고 온갖 노력을 다해서 오래 살기 위해 건강하기 위해 불철주야 애쓰는 모습들을 보인다. 마치 건강하기 위해 세상에 태어나서, 건강을 유지하기 위해 존재하며, 건강을 유지하는 것이 엄청나게 보람 있는 인간이 성취하지 않으면 안 되는 최고 경지의 가치(價値)라도 실현하는 일인 듯 보일 정도로 건강관리에 철저하고, 삶의 초점을 온통 건강관리에 맞추며 사는 모습들도 보인다.

소위 배웠다는 사람들도 "건강이 최고(最高)야! 건강을 잃으면 다 잃는 것이야!"를 당당히, 너무도 귀한 진리라도 되는 듯 여기저기 사석 공식 석상은 물론, 교육현장에서까지도 크게 떠들며 건강을 찬양하고 건강함을 자랑으로 여기고 건강을 위한 노력에 매진할 것을 독려하고 또 많은 이들이 이에 동의하고 그러려고 애쓰고 이미 그런 경지에 이른 사람들을 부러워하는 모습을 보이곤 한다.

그런데 의문이 하나 생긴다.
무엇 때문에, 뭐 하자고, 뭘 바랄 것이 있다고 사는 것은 고역(苦役)이고 인간사(人間事)는 생로병사(生老病死)의 고해(苦海)라고 틈만 나면 큰소리로 외치면서, 뭘 구할 것이 있어서 오래 살길 그렇게도 소원하는 것일까?

우리의 소원이 건강하게 오래 사는 것이라 한다면 그것은 곧 '노인(老人)'소리 듣게 되는 상태에 이를 수 있게 되는 것이 소원이라는 소리일 터인데, 너나 나나 하나같이 천덕꾸러기 취급하고 "늙으면 죽어야 돼!"라는 소리를 노년, 안 노년 할 것 없이 누구나 흔히 별 거리낌 없이 입에 담기도 하고, 심지어는 나라를 맡아 운영해 보겠다고 나서는 사람들조차도 노인을 무시하고 폄하하며 골치 아픈 그러나 내칠 수도 없고 속만 썩이는 계륵(鷄肋) 같은 존재 취급을 공공연히 하며, "나는 노인일 수 있어서 너무나도 행복하답니다!"라고 혹 누가 외치기라도 한다면 "저 사람 어느 정신병원 탈출범이래?"라며 웃어도 이상하단 생각이 전혀 안 들 정도로 노인에 대한 공경심이 공식적으로 땅바닥에 떨어진 오늘날, 무엇 때문에 노인 되기 위해, 노인이라 지칭 받을 수 있는 나이가 되기 위해 그렇게 기를 쓰고 올 인 하는 것일까?

그래서 천신만고 노력 끝에 노인, 그것도 아주 대단히 건강한 노인이 되고 나면 무슨 좋은 수가 있긴 있는 것인가? 아니면 그냥 죽어라고 애써서 충분히 늙은 연후에 "드디어 나는 무병장수(無病長壽)의 꿈을 이루었노라!"라고 외치거나 역사책에 기록하거나 어느 집단 우두머리 하는 식으로 깊은 산속 거대한 바위에 새겨놓고 그리고는 그때 가서 그냥 고생 없이 죽으면 그것으로 훌륭하게 무병장수(無病長壽)란 인간으로서 이루기 힘든 위대한 업적을 남기고 가치를 실현한 사람의 장엄한 삶의 끝을 볼 수 있는 것인가?

'왜'가 설명될 수 있어야 되는 것 아닐까?

왜 이 고해(苦海) 속에서도 버티고 살아남아야, 그것도 건강하게 살아남아 있어야 하는지 그 이유가 설명될 수 있어야 무병장수(無病長壽)가 소원이라는 말에 당위성(當爲性)이 있을 수 있을 것 아니겠는가?

칼이 있으면 뭐 할 건가? 아무리 좋고 잘 드는 칼이 있으면 뭐하나? 손 다쳐가며 칼을 열심히 벼려서 명검을 탄생시켜야 할 어떤 이유가, 그것이 무엇이든지 간에 있어야 되는 것 아닌가?

건강하게 오래 살아서 뭘 어찌자는 것인가? 뭘 어찌할 것인데 이 인생이란 고해 가운데 그래도 어떻게 해서든지 오래 남아 있으려고 그 애를 쓴단 말인가?

오래 삶으로 인해 이룰 목적, 추구하는 것, 도달하고자 하는 곳이 어디란 말인가?

정작 중요한 문제의 핵심 의미, 본질은 생각조차 안 하면서 그 본질을 원만히 이루기 위해서라면 확보되어 있을수록 좋지만 그러나 없다고 해서 문제가 근본적으로 잘못되는 것은 아닌, 굳이 등급을 먹이자면 꼭 필요는 하나 최하급일 수밖에 없는, "살아 있어야 한다!"는 조건을 마치 그 "살아있어야 한다, 그것도 건강하게!"가 마치 최고의 가치이고 바로 본질 그 자체인 것처럼 추구하고 추종하고 섬기고 있으니, 이것이 바로 이 시대, 이 세태의 문제인 것이고, 본말(本末)의 전도(顚倒)이고, 의미(意味)의 왜곡(歪曲)이며, 바르고 가까운 길을 옆에 두고 생짜로 산을 깎아 길을 내고 있는 격이니(그것도 틀린 방향으로) 불쌍하다 아니할 수 없는 것이다.

두부 보쌈 먹으려고 두부 썰 칼 구하고 그 칼 갈고 벼리느라 그 칼만 바라보고 칼에만 집착하고 정작 칼이 애초에 왜 필요했던 것인가는 잊고 세상에서 최고로 두부 잘 썰 수 있는 칼 만드는 동안 그 두부는 썩어버린 격이 되는 것은 비극 아니겠는가?

건강을 위한 노력이 헛되다는 의미가 아니라, 보다 중요한 본질을 잊어버리고 잃어버리고 놓치지 말아야 하지 않을까에 대한 이야기인 것이다.

이 인간으로서의 삶의 본질을 발견하고 깨닫고 세상에 존재해야 할 이유와 의미 존재목적을 만나고 깨달을 수 있는 것이 포장 안 한 길에서 돌 줍듯이 그리 쉽게 찾아질 것으로 기대하는 것은 어불성설(語不成說)이다.

들을 수 있는 귀를 갖고, 볼 수 있는 눈을 갖고, 보이지 않는 것이 보이는 것을 다스리는 줄을 깨달을 수 있어서, 영혼의 소리에 귀 기울이고 느끼고 들을 수 있는, 인간에게 본디 주어져 있는 영성을 깨워야 할 것이다.

먼저 인생을 살아간 이들의 발자취를 찾아보고, 듣고, 본받고, 결국 그 생명의 원천인 말씀으로 돌아가, 어느 노시인이 죽음을 앞두고 한 고백처럼, 스스로를 구원하겠다며 자신의 손으로 자기 상투를 부여잡고 그 상투를 물 밖으로 끄집어 올리기 위해 발버둥치는 것과도 같은 어리석음과 우매한 짓으로부터 벗어날 수 있어야 할 것이다.

어느 비위(脾胃) 맞추기 선수의 고백

결국 내가 좋아서 했으면서,
내가 행한 것을 약 올라 하면 웃기는 것이다.

효과 있는 레퍼토리 엄선해서,
더욱 발전시키는 것이 성공비결임을 알았다.

효과 없는 것을 분별하고 헤아려서,
발본색원(拔本塞源)하는 것이 성공비결임을 알았다.

알려고 애쓰지 않는 것은,
실패를 벗 삼는 것이고,

알고도 행(行)하지 않는 것은,
실패를 보증 받는 것임도 알았다.

앞으로는 절대로 약 올라 하지 않고,
소실대탐(小失大貪)키 위해,
철저히 비위(脾胃) 맞추기 선수가 되리라!

사리사욕과 육체의 소욕(所欲)을 위해서가 아닌,
이웃사랑과 홍익인간(弘益人間)의 구현을 위해!

무슨 뾰족한 수 없을까요?

남편이 변화만 한다면 문제는 해결이다. 나는 그 동안의 잘못을 재탕할 맘은 추호도 없으니까. 오직 바람이 있다면 그것은 남편과 화합해서 화목하게 사는 것이다. 남편이 제발 바람을 그만 피고 나하고 행복하게 잘 지낼 수 있기만을 바랄 뿐인 것이다.

"솔직히 당신은 섹스가 그 여자만 하려면 어림도 없어서 당신하고 하면서도 그 여자와의 섹스만 떠오르고 당신하고는 잘 할 마음이 안 생겨!", "미안해! 미안하지만, 결코 당신이 싫거나 미워서가 아니고 그 여자와의 섹스가 좋은 것뿐이야!", "그게 다야. 결코 내가 그 여자를 좋아하는 것은 아냐!", "나는 당신 없이는 못 살아!", "나를 좀 이해해 줄 수 없겠어?", "나를 그냥 내가 그 여자와 섹스하던 것에 대한 생각이 없어지고 지쳐서 그 여자 생각 안 날 때까지, 그냥 날 내버려두고 이해 좀 해줄 수 없어?", "솔직히 당신이 벗고 달려 때마다 당신이 무지하게 노력하는 것인 줄은 알지만, 그럴수록 그 여자와의 섹스 생각만 나고 당신하고 섹스 할 생각이 안 나는 걸 어떻게 하란 말이야!", "그리고 솔직히 바람 안 피는 놈 있어?", "너무 쪼잔하게 굴지 말고, 그냥 나를 놔둬줘! 제발!"라고 말하는 남편에게 과연 자신이 어떻게 하면 좋을까를 호소하며 두 번째 방문한 인텔리 여성이 유능하고 인텔리인 가르치는 일에 종사하는 남편의 신실하지 못한 부부관계에 대한 태도와 성적 관념에 대하여 결정적으로 해결할 수 있는 묘방(妙方)을 물으며 모범답안(模範答案)을 제시해 달라고 요구하는 것이다.

여인의 말을 들으면서 무엇보다 중요한 것은 이 문제가 해결되기 위해서는 근본적인 변화가 남편에게서 일어나야 할 텐데라는 생각이 들었다.

그래서 여인에게 "어떻게 하면 남편이 변화될 수 있을 것 같습니까?"라고 물어보았다. 그랬더니 별로 생각해보는 기색도 없이 그걸 질문이라고 하냐는 듯한 눈으로 의사를 바라보며 "남편이 마음을 바꾸면 되죠!"라고 대답하는 것이었다.

남편은 안 변하겠다는데, 전혀 변할 생각이, 변할 마음이 없다는데, "그러니 어떻게 하면 되겠습니까?"하고 다시 물으니 "내가 잘하면 되죠!"라고 답하는 것이다.

이제까지 잘해오지 않았냐니까, "더 잘하면 되죠!"라고 말하고 있다. 특히 섹스에 더 신경 쓰면 되지 않겠느냐는 것이다. 그러면서 정작 남편이 부부관계하며 이런저런 것을 요구하고 원하는 것은 불결해서 도저히 할 수 없다고 말하는 것이었다.

그러면서 무슨 방법이 좋겠냐? 뾰족한 수가 없겠냐? 하면서 구체적이고 즉시 쓸 수 있는 묘책(妙策), 정답(正答)을 달라고 집요하게 묻고 요구하는 것이었다.

아주 조신(操身)하고 올곧고 순진하고 정도(正道) 외엔 얘기해도 잘 알아듣지도 못하는 여성이다. 남편도 이조시대 여자 같은 사람이라고 자기에게 그런단다. "이제 방법을 종전과 달리하고 특히 성적으로 보다 적극적이 되면 남편이 변화하지 않을까요?"라고 자기 의견을 말하는 것이었다. 그래서 이렇게 말해주었다.

축구공 바꾼다고 꼴 나고, 공 정성껏 닦아서 찬다고 꼴 나는 것 아니고, 칼 잘 들 수 있게 벼린다고 음식 맛있어지는 것 아니고, 더구나 상대가 잘 먹어줄 것도 아니니, 방법 탓하고, 방법 바꾸는 데만 초점을 맞추지 말고 나를 변화시킬 생각부터 하자고.

변화한다는 것은 변화시킨다는 것은 나를 송두리째 카세트테이프 바꿔 끼듯 바꾸자는 것이 아니라 나의 부족한 부분을 보강하는 것이라고.

나 자신의 실력이 늘어나야 같은 공 가지고도 골을 낼 수 있고 같은 재료 가지고도 맛도 낼 수 있는 법이니 내 실력을 늘리기 위해 나에 대한 점검부터 시작하자고.

내가 나를 알아야 나의 고착(固着)된 고정관념의 틀을 깰 수 있고 유연성을 가지고 상황에 능동적으로 대처할 수 있으며 방법과 사고의 틀이 고착돼 있지 않아야 효과 있는 전개가 가능하다고.

그럴 때 남편의 변화도 가능할 것이지만 오히려 남편의 변화보다도 더 중요한 것은 주어진 조건, 상황, 환경에 휘둘리지 않고 주어진 조건, 상황, 환경을 다스릴 수 있는 나 자신의 능력의 함양(涵養)이라고.

남편이 변화하면 내가 행복해질 수 있고 남편이 변화해야 내가 비로소 행복해질 수 있는 것이 아니라 나의 중심과 방향이 바로 설 때 남편에게 변화가 일어날 가능성도 생기고 그 변화의 가능성이 커질 수도 있는 것이며 남편의 변화와 관계없이도 나의 마음에 진정한 평강과 사랑이 넘쳐날 수 있게 되는 것이라고.

받는 사랑, 하는 사랑

받는 사랑은,
자연(自然)스런 흐름(流)이다.

하는 사랑은,
인위적(人爲的)인 행(行)함이다.

받는 사랑은 쉽다.
앉아서 받으면 되니까.

하는 사랑은 어렵다.
뭔가를 행해야 하니까.

받는 사랑은,
내 기분만 신경 쓰면 된다.
나만 좋으면 되니까.

네가 날 좋아해서,
나 좋으라고 하는 거니까.

하는 사랑은,
너의 반응(反應)을 신경 써야 한다.
네가 좋아야 하니까.

너를 좋게 하려고,
네가 좋아할 것을 해야 되니까.

받는 사랑도 상대로부터 사랑 받을 수 있게,
상대에게 감동(感動)주기가 쉽지만은 않다.

나에게서 네 맘에 드는 부분을,
네 맘에 더 들 수 있도록 극대화(極大化)시켜야 되니까.

아닌 말로 최소한 수놈 공작새가,
날개 펴고 엉덩이 떠는 짓 정도는 해야 될 테니까.

하는 사랑은 더 더욱 어렵다.
너를 감동시켜, 네 영혼이 기쁘고 행복하게 하려니까,
아닌 말로 잔머리 굴려서 가능한 수준이 아니니까.

사랑을 주고받음은,
마음과 감정과 영혼이 흐르는 통로의 열림이다.

그것을 통하여,
그곳을 통하여 사랑이 흐르니까.

고인 물은 썩기 마련이듯,
머문 감정은 상하기 마련이고,
머문 사랑은 소멸될 수밖에 없다.

사랑의 운행에는,
영혼의 힘이 필요하다.

흐르는 자연적인, 받는 사랑 말고,
나를 너에게 바치려 하는 사랑은.

움직이고 흘러야,
살아있는 것이고 살아있을 수 있다.

이때 그 흐름이 일방으로만 고정되면,
그 통로에는 때가 끼어 점점 통로가 좁아져,
흐름이 졸아드는 결과를 낳게 된다.

일방적으로 안정적으로,
흘러들어오는 사랑에는,
'안주함'의 함정이 있을 수 있다.

사랑은 서로 사이에 오고 가고,
'주거니 받거니'의 사랑이 되어야 한다.

주는 사랑과
이로 인해 일어나는 주고받는 사랑의 교통은,

그 사랑의 통로를 더욱 넓히고 확장되게 하여,
마음껏 더욱 더 많이,
서로 사랑을 나눌 수 있는 결과를 낳게 되는 것이다.

자연의 사랑은,
받기만 하는 사랑이다.

인간의 사랑은,
주고받는 사랑이어야 한다.

하나님의 사랑은,
주시기만 하는 사랑이다.

자연의 사랑은 받지만 감사는 없다.
왜냐? 사랑이란 인간의 해석일 뿐,
자연에서의 그것은 그냥 현상일 뿐인 것이니까.

인간은 사랑받으면 감사할 줄 안다.
그럼으로 감정의 오고 감이 형성되고,
사랑의 축복의 통로가 확장될 수 있게 된다.

하나님은 바람 없이 주기만 하신다.
본래 다 그분의 섭리 아닌가?

바랄 것 없이 섭리대로 되어 짐이 기쁨이신 것이다.
따라서 섭리대로 살아 기쁨과 영광을 드림이 있어야 한다.

감사와 되돌림은 없고,
받고 기분 좋은 것에 머묾은,
자연 사랑의 지경이고,

감사와 감동과 행복을,
나누고 흘려보냄이,
인간 사랑의 축복이라면,

죽기까지 줄 수 있는,
주는 사랑은
하나님의 사랑을 닮는 자녀 됨의 은총이니,

나는 어느 동네 사람 될 것인가,
깊이 생각하고 선택을 결단하는 삶이어야 하리라!

- 처음 사랑 고백을 받고 그동안의 미적지근했던 몇몇 남자 친구에게서 와는 달리 큰 사랑받는 것을 행복해 하는 어느 대학교 4학년 여학생과 '받는 사랑'과 '주는 사랑'에 대해 이야기 나눈 것을 글로 옮겨 본다. -

행복한 부부가 되는 비결

결혼 일 개월 후의 남편 또는 아내의 모습은,
본래의 그 사람 모습이고,

결혼 일 년 후의 아내 또는 남편의 모습은,
내 노력이 조금 가미(加味)된 모습이고,

결혼 5년 후의 남편 또는 아내의 모습은,
나의 영향(影響)이 반은 스며든 모습이고,

결혼 10년 후의 아내 또는 남편의 모습은,
내가 일군 모습이고 나의 작품(作品)이라고 생각하며,

10년이 지나도 안 바꾸고 안 바뀌고 못 고친다고,
소리치며 꾸짖을 것이 아니다

"10년을 노력했어도,
나의 노력과 생각이 부족했구나!"라고,
지나온 세월의 나의 삶을 돌이켜보며 받아들이고,

보다 바람직한 부부로의
변화를 일구어 내는 노력을,
배가(倍加)해야 할 것이다.

그런 날 보고 웃는 자는 누구일까?

누구를 싫어해도 되는 것인가?

설혹 누군가가 싫어질 수 있을는지는 몰라도,
절대 누군가를 싫어하지는 말자.

'싫어짐'은 나의 아픔이라지만,
'싫어함'은 나의 불행 아니겠는가?

차라리 아프고 말지언정,
불행을 맞아 나아가진 말자.

불행에 짓눌린 날 보고 웃는 자가 누구일꼬?

싫은 걸 싫어해도 되는 관계는 '남(他人)'도 아니다

싫으니까 거부할 수 있고 싫은 것을 싫어해도 되는 인간관계란 없다.

무인도에서 혼자 사는 것이 아닌 담에야 서로 걸리적거리지 않을 수 있는 인간관계란 있을 수 없다. 혹 일방적 관계 파기가 용인되고 남발되고 있는 애완용과의 관계라면 몰라도.

이때 겉으로는 싫은 표시 안내면서 속으로나마 싫은 것을 싫어할 수 있고, 싫어해도 되는 관계는 남(他人)과의 관계일 때일 것이다. 그러나 남도 마음 내키는 대로 마음 놓고 싫어하면 아니 될 것이나 그래도 통제되지 않고 저절로 일어나는 감정의 흔들림을 어쩔 수 있으랴.

따라서 표정관리를 통하여 마음속의 싫은 감정이 겉으로 드러나지 않게 다스릴 수만 있어도 예의 있는 것이고 교양 있는 것이고 훌륭한 것이고 그럴 수 있다는 사실에 자긍심을 느껴도 좋을만하다 할 수 있는 것이다.

그러나 특별하고도 특수한 부부(夫婦)라는 인간관계는 싫은 감정이 일어나서도 안 되겠지만, 일어난다 해도 '그 싫은 감정을 곧이 곧대로 인정(認定)하고 싫어하면 안 된다!'는 전제(前提)가 무언(無言)의 약속(約束)으로 이미 근저당 설정되어 있는 관계라고 받아들여야 하는 관계이다.

그렇기 때문에 부부 사이에서는 "싫으니까 나 애 안 날 거야!"를 주장할 수 없고, "일하기 싫고 귀찮으니까 돈 벌러 안 나갈래!"도 안 되며, "아까워서 내가 벌어온 돈 못 내놔!"는 말도 안 되는 웃기는 발상일 수밖에 없는 것이다.

그런데 몸은 내 몸이니까 건들지 말란다. "아무리 네 생각일지라도 아무리 네 영혼일지라도 네 맘대로 하면 안 되고 네 몸도 네 마음도 내 뜻대로 내 요구에 맞도록 움직여야 돼!"라고 상대에게는 강력하게 주장 하면서 막상 자신의 경우에는 "내 생각은 내 맘이니까 표시 안 나게 속으로 너 미워할 거야. 그리고 몸은 내 거니까 네 맘대로 함부로 날 건들지 마."라고 생각하고 말하고 행동한다.

그런데 이렇게 자기 식대로 일방적으로 생각하고 행동하면서 정작 바라는 것이 무엇이냐는 질문에 "우리 부부가 행복하길 바라요!"라고 말한다면 한 마디로 웃기는 코미디일 수밖에 없는 것이다.

일하기 싫어하는 남편에게 일 안 한다고 매일 지청구하는 아내(내담자)에게 나도 남편이 싫어하는 것을 내가 단지 아내라는 이유만으로 남편에게 고칠 것을 요구하는 것 생각해서 남편이 단지 남편이라는 이유를 들이대며 원하는 것을 좀 더 적극적으로 들어주며 남편의 마음을 어루만져 줄 것을 권유하였다.

의사가 어떤 의도(意圖)로 그런 권유(勸諭)를 하는 것인지 알아들은 듯 하던 여인은 상담을 시작했을 때 치를 떨며 남편의 미운 점 이것저것 수많은 레퍼토리를 나열하던 모습과는 달리 고개를 끄덕이며, "한 번 해볼 게요!"라고 말하며 웃으면서 진료실을 나갔다.

어두움이 짙게 드리워졌던 얼굴에 마치 화사한 봄기운이 배어나오는 듯한 미소를 띠며 그 남편을 향하여 나아가는 환자분을 배웅하며 마음속으로 기원한다.

"이 합력하여 선을 이루고자 하는 마음에 좋은 열매가 맺혀지게 하옵소서!"

담금질

도가니로 은을,
풀무로 금을,
칭찬(稱讚)으로 사람을 단련(鍛鍊)하느니라.

단련한다 함은 '쓸모 있게 만든다!'는 의미일지니,
스스로를 그리고 나의 영향력이 미치는 모든 이들을,
단련함에 있어 추호의 소홀함도 있어선 안 될 것이리라.

단련은 또한 담금질로도 표현될 수 있음이니,
불의 열기와 두드림의 압력을 능히 이길 수 있는 사람이라야,
사람으로서 주어진 역할을 담당할 수 있으리라.

칭찬으로 단련하고,
초달(楚撻)로 담금질하여,
쓰임 받는 기쁨에 동참할 수 있는 인물로 크도록,
영향력을 발휘할 수 있어야 하리라!

아이의 요구는 배려의 대상이지 추구할 중심 가치는 아니다

아이를 사랑하고 보호하고 배려해야 할 대상으로 보는 어른으로서의 생각과 행위가 아니라 아이를 능멸하고 아이를 자기의 욕구충족의 희생물로 삶는 짐승만도 못한 자도 있다.

한편으론 아이를 보호하고 아이의 뜻을 꺾지 않고 기(氣)를 살려주기 위한 것으로 착각하며 수 억짜리 살림집을 아이가 선택하게 한다거나 심지어 자신의 아버지나 엄마를 아이가 선택할 권리를 부여하기도 한다.

남편을 "남 같은 정도면 양반이고, 원수도 그런 원수 없수다!"라고 비난하며 "남편 포기한 지는 오랬고 아들 아이 땜에, 아들아이 지키고 의지하며 그 원수랑 살 섞으며 평생을 살았다오."라고 말하다가, 그 아이가 성장하여 제 짝 찾아 떠난 곳을 허망(虛妄)과 허탈(虛脫)의 눈으로 멍하니 바라보며 배신감과 회한에 젖어사는 이들도 있다.

"아이가 영어라도 한두 마디 제대로 할 수 있다면 보람 아니겠습니까? 이 동네 교육은 썩었어요!"라고 이 나라의 교육제도와 교육풍토를 탓하면서 아무리 영어 구사 능력이 좋아져 본대야 미국 거지만도 못할 영어 실력 키워주려고 싫다는 사춘기 아이를 억지로 엄마 딸려 물 건너보내고 기러기 아빠를 자청하며 그게 무슨 엄청난 보람이고 아빠로서의 사명에 충실한 것으로 생각하는 이들도 있다.

 아이들의 생각이 보호받고 배려 받으며 그 어린아이들의 순수하고 순전한 생각이 잘 성숙하고 잘 펼쳐지고 실현될 수 있도록 도와주는 것과, 그 아이들의 생각이 마치 실현되지 않으면 절대로 안 되는, 실현시키지 못하는 날이면 무슨 큰일이라도 발생할 것같이 아이들의 생각을 절대가치로 삼아 추구하는 것은 다른 이야기가 아닐까?

 아이는 생각하는 수준이 이미 문제를 일으키지 않을 수 있을 정도로 발달되어 있고, 윤리와 가치가 올바르고 성숙한 상태로 정립되어 있으며, 자신의 삶에 대한 철학과 신앙관이 바로 선 존재가 아니다. 그런 수준에 이르기 위하여 이제부터 열심을 다해 이미 그러한 관(觀)이 정립되어 있는 그 시대의 어른들로부터 앞으로 마땅히 행할 바를 전수받고 가르침 받아야 할 존재들이다.
 자신의 뜻을 펼칠 수 있는 존재가 아니라 그 관(觀)에 따라 뜻을 펼쳐나가는 어른들의 삶을 보며 배우고 닮아서 그들만의 관(觀)을 이제 앞으로 정립해야 할, 그들의 삶을 위한 권리와 차세대를 책임질 인물로서 성장할 의무와 권리를 가지고 있는, 그러나 지금은 아직 아무 것도 그럴듯하게 내세울만한 것이 없고 이룬 것도 아직은 없는 존재들이다.
 어른들로 하여금 그들을 추종하고 따라오게 만들 가치와 자격과 능력을 지니고 있는 존재가 아니다.

 능력 없는 자를 능력이 요구되는 자리에 그 자리에 해당하는 겉옷만을 입히고, 막강한 권리와 책임을 부여하고 앉혀 놓는다면, 이는 그 사람에 대한 축복일까 아니면 학대이고 고문이고 저주일까?

초등학교 5학년짜리에게 재테크의 꽃이라 할 수 있는 주거 및 투자가치가 있는 아파트를 아이 취향대로 고를 수 있는 권리를 보장해주는 것은 '자식사랑'일까 아니면 '자식학대'일까?

아이를 위해 사는 것이 삶의 목적인 듯한, 새끼 낳아 대 물리고 죽는 것이 살아 있음의 최대가치인 짐승을 닮기 위해 최선을 다하는 것이 마치 가치 있는 삶을 일구고 있는 것인 줄로 착각하는 세태를 보며 염려하는 마음이 들지 않을 수 없다.

새끼를 낳아 생존력 크게 키우고 죽는 것은 짐승의 가치이고 짐승의 생(生)일 뿐인 것이다. 사람은 '길러지는' 존재가 아니고 하나님의 뜻에 따라 '사는' 존재이어야 한다.
어미 애비의 키움 따라 생존력이 좌우되는 조건과 상황과 환경에 의해 운명이 결정되는 짐승이 아니라 조건과 상황과 환경을 극복하고 초월하여 하나님의 뜻하신 바를 찾고 깨달아 하나님의 품성을 받고 태어난 존재로서의 그 존귀한 본질을 회복해가는 존재인 것이다.

그 본질을 회복하여 가는 것을 보고 닮으려 노력해야 하는 삶의 노정에 어린아이의 현재가 놓여있는 것이다. 자칫 어미 짐승 노릇이 양육하는 부모의 행위인 듯한 착각에서 벗어나야 하리라.

아이를 아이답게 크도록, 마땅히 행할 바를 아이에게 훈육하고 가르치고 배우고 체득할 수 있도록 돕는 것이 아이에 대한 바른 인격적 대우인 것을 깨달아야 할 것이다.

    나의 생명보다도 귀한 그 아이가 바로, 바르게 성장하여 하나님께 미쁘다 소리를 듣는 사람일 수 있게 하기 위해서라면.

어느 판결문(判決文)

"이제 판결합니다."

"이제 당신에게서 불행할 자유를 박탈합니다.
그러니 이제부터 당신은 불행할 수 가 없는 것입니다."

"이제부터 앞으로 사는 날 동안,
당신에게는 오로지 행복할 의무밖에 없음을 명심하시고,
이제 돌아가 행복할 궁리(窮理)에 전념하시기 바랍니다."

"우리는 마음으로 보는 것을 향해 나아간다는 말이 있습니다."
"당신이 보고 나아가는 그곳은 어디입니까?"
"당신이 나아가고자 하는 그 방향은 어느 쪽입니까?"

"이제부터 당신의 앞날에는,
승리와 보람만이 있을 것을 선포하고 축복합니다."

"어두움만을 바라보고 집착하며,
패배감에 몸부림치는 인생이 아니라,

밝음을 바라보고 나아가는,
승리하는 인생이 될 것을 선고합니다!"

아내는, 남편은?

상대의 마음을, 상대의 형편을, 정성껏 바로 헤아려,
상대의 마음과 형편에 맞게 대응하는 것이 배려라면,
상대의 마음을, 상대의 형편을, 내 뜻에 비춰 정성껏 헤아려,
내 마음과 형편에 맞게 선처하는 건 적선(積善)이라 할 수 있다.

아내는, 남편은,
배려의 대상일까?
적선의 대상일까?

나는 내 아내를
배려하나?
아니면 적선을 베푸나?

나는 내 남편을
배려하나?
아니면 적선을 베푸나?

나는 내 아내에게
배려 받나?
아니면 적선 받나?

나는 내 남편에게

배려 받나?
아니면 적선 받나?

　적선(積善)하듯 마지못해 남편이 가까이 옴을 허락한다고 시큰둥하게 이야기하는 어떤 아내의 푸념을 언젠가 들은 적이 있는데, 어제는 적선하듯 목에 힘주고 생활비 내놓는 남편에 대한 성토(聲討)를 듣더니, 오늘은 적선하듯 자신이 참고 아내에게 화내지 않은 덕분에 그냥저냥 전쟁은 면했다는 남편의 말을 들었다.
　이렇게 자신이 그래도 참을성이 있어서 가정불화를 모면했노라고 목에 약간 힘을 주고 말하는 남편에게, 아내가 깜짝 놀라 뒤집어지지 않고는 못 배기게, "아니 당신 왜 이래요? 무슨 일 있어요?"라고 말하지 않을 수 없도록, 진짜 진짜 아내에게 한 번 잘해 보자고 약속하고 돌려보냈다.

　그리고 과연 어떤 변화가 아내에게 또는 자신에게 일어날까? 부부 사이에 과연 어떤 변화가 일어날까를 한번 지켜보자고 단단히 약속하고 돌려보냈다.
　원하고 기대하는 변화가 일어나기 위해 배려의 마음이어야 할 것인지 적선하듯 해도 가능할 것인지 진지하게 생각해 볼 것을 권유하고 돌려보냈다.

　이 남편과 그의 아내에게, "우리 부부는 불행해요!", "아니! 부부가 그냥저냥 사는 거지 뭐 별거 있어요?"가 변해서 "요즘 너무 행복해요!", "더 이상 감사할 수 없어요."로 바뀌는 개벽(開闢)이 일어날 것을 기대하며 삶의 현장으로 돌려보냈다.
　참된 승리자가 될 것을 기원하며.

길(道)

인생이 길(道)임을 거부할 자는 없으리라.

단지 그 길이,
정처 없이 떠돌 수밖에 없는 길인지,
목적을 갖고 목표를 향해 나아가는 길인가의 차이가 있을 뿐.

고난(苦難)과 허무(虛無)라는 바다 위를,
해류의 흐름에 그 나아감을 맡긴 채
떠도는 표류(漂流)인지,

고해(苦海)라 불리는 인생의 험난한 해류를 헤치며
목적을 향해 나아가는 항해(航海)인가의 차이가 있을 뿐.

물거품이 스러지고 안개가 사라지듯,
실망과 좌절 가운데 없어짐으로 향하는 길인지,

새로움이 생겨나는 기대와 희망 가운데,
있어짐으로 향하는 길인가의 차이가 있을 뿐.

자연의 흐름에 맡길 수밖에 없는,
수동적인 길인지,

생존을 딛고 서서,
새로운 길을 내며 나아가는,
능동적인 길인가의 차이가 있을 뿐.

"내일이 온들 무슨 뾰족한 일 나겠어?"
내일을 별 기대 없이 시큰둥하게 바라보며 터덜터덜 걷는 길인지,

"내일은 또 어떤 경이로움을 만날 수 있으려나?"
기대로 가슴 설레며 웃으며 나아가는 길인가의 차이가 있을 뿐.

죽음과 소멸로 흘러드는
없어지는 변화의 길인지,

생명과 생성의,
있어지는 변화의 길인가의 차이가 있을 뿐.

기대할 바 없는,
단순 '생존의 길'인지,

기대하며 나아가는
기쁘고 감사한 '삶의 길'인가의 차이가 있을 뿐.

보람을 느낌도 사명을 행함도 성취를 맛봄도 없는,
그냥 나있는 길 가운데 있는 것(物)인지,

보람을 느끼고 사명을 행하며 성취를 맛보며 사는,

항상 새 길을 개척하며 나아가는 자(者)인가의 차이가 있을 뿐.

나는 정처 없이 떠돌며,
표류하고 방랑하는 나그네 길을 가는 자인가?

나는 목적지를 찾아 나아가는,
항해하고 순행(順行)하는 순례자의 길을 가는 자인가?

나는 표류(漂流)하는 자인가?
나는 항해(航海)하는 자인가?

후기(後記)

'행복 요청이'가 아니라 '행복 도우미'로 살리라!

　유사이래(有史以來)로 아니 유사이전(有史以前)까지를 통틀어 인류의 역사를 총망라하여 소위 자칭(自稱) 타칭(他稱) 현자(賢子)까지는 못 되어도 생각이 조금이라도 있는 사람이라면, 아니 자신이란 존재가 뭇 삼라만상의 것(物)들과 생존원리에 있어서 무엇인가가 좀 다른 존재(者)라는 자각(自覺)이 조금이라도 있는 사람이라면 누구 하나 빠짐없이 다 가져 보았을 것임에 틀림없고 또 단언컨대 그 누구도 "이것이 정답(正答)이요!"라고 감히 말하지 못하였던 질문, "인간은 왜 사나?"라는 우문(愚問)에 기고만장(氣高萬丈), 자존망대(自尊妄大)하여 그 누구도 부인하지 못하고 "맞다! 그게 정답(正答)이다!"라고 고개를 끄덕일 수밖에 없을 만한 우답(愚答)을 한 번 피력해 볼까 한다.

　인간이 왜 사는가 하면 그 이유는 간단 명쾌하다. 살아 있으니까 사는 거다. 이때에 '살아있다' 즉 존재하는 자라는 개념보다 중요한 것은 '산다'라는 개념이다. 즉 삼라만상 중에서 살아 존재하는 생물의 범주에 그냥 속해있어 단순히 수동적으로 생명현상이 유지되고 있는 존재에 지나지 않는 것이 아니라, 살아있는 상태를 능동적으로 수용하고 인식하고 그 살아있는 것에 의미를 부여하는 인간다운 삶을 일구어낼 수 있는 존재이다.

즉 자연현상의 한 형태로서의 생명체가 아니라 그 모든 생명체와는 근원적으로 다른 그 무엇이 있는 생명체이고, 인간은 깨달음을 통해 그 무엇을 느끼고 체험하고 알 수 있게 되는 존재인 것이다.

그렇기에 세상에는 인간이 단순히 살아 있으니까 살 수밖에 없는 수동적인 존재라는 인식에서 벗어나 살 기회가 주어져서 자신의 삶을 자신이 개척하고 일구어나갈 수 있는 특별한 은총을 받은 존재라는 인식을 가지고 능동적으로 사는 사람들도 있다.

세상에는 인간에게 주어진 생존의 기회를 어쩌다가 우연히 마주친 그것도 별 볼 일 없는 무슨 일인가 하다가 할 수 없어 덤터기 뒤집어 쓴 것같이 받아들여 삶 자체를 부담과 고뇌와 갈등과 고해의 원천으로 인식하는 사람들이 존재한다.

그러나 또한 이런 사람들의 세계관과 달리 자신을 천하보다 존귀한 자의 신분으로서 인식하고 이 세상에 살면서 기쁨과 보람과 행복을 누리며 자신에게 이런 존귀한 신분으로 살 수 있는 기회를 허락하신 창조주 하나님을 찬양하고 그분의 영광을 드높이는 예배자(禮拜者)로 살아가는 사람들도 있다.

"왜 사느냐?", "나란 존재가 어떻게 해서 저다지도 많고도 많은 우주의 수많은 별들 중에서 하필이면 이 지구라는 행성에서 살 수 있게 되었느냐? 나의 생명은 어떻게 비롯되었느냐?"라는 의문에 대한 해답은 창조주의 선하고 아름다운 계획 가운데 있는 것이다.

이 생명과 존재의 근원에 대한 해답은 벌레만도 못하고 신을 부정하는 이들이 곧 잘 둘러대는 가설인 우주의 먼지들이 모이고 뭉친 집합체의 돌연변이의 산물에 지나지 않는 인간의 수준으로서는 헤아려 밝힐 수 있는 영역의 주제가 아닌 것이다.

그러나 왜 어떤 원리와 원인으로 나라는 존재가 인간으로서 살수 있게 되었는지에 대한 해답은 모르고 헤아려 밝혀낼 재간은 없을지라도, 자신이 생존을 딛고 서서 자연과 구별된 특별한 존재로서 살 수 있음을, 자신만의 삶을 일구어 낼 수 있음을 자각하고 제대로 잘 사는 사람들이 있다.

그러나 또 다른 한편에는 살아있음 만이 다인 줄 생각하며 단지 편안한 생존상태에 머무를 수만 있다면 그것이 곧 잘 사는 것인 줄로 생각하고 육신의 안락과 심신의 안녕만을 추구하며, 그 생존을 딛고 서서 인간으로서의 가치 있는 삶이 무엇인가를 고뇌하며 자신의 삶을 보람되고 아름다운 삶으로 일구어내려 노력하지 아니하는 사람들도 있다.

주어진 기회를 어떻게 보내는 자일 것이냐가 중요하다.
비록 누구에게나 똑같이 살 기회가 주어졌을지라도 본래 자신이 존귀한 자로 창조된 피조물임을 깨닫고 받아들여 주님을 자신의 주인으로 고백함으로써 하나님의 자녀가 되는 권세를 입어, 하나님을 "아빠! 아버지!"라 부를 수 있는 양자의 영을 받고 영원한 생명, 영원한 나라에 대한 소망 가운데 지극의 행복을 맛보며 사는 사람들이 있다.

그러나 인간이라는 하나님의 형상을 닮아 하나님의 품성을 나눠 받은 영적 존재를 물리적이고 소위 인간의 삼차원적인 지적 수준에 입각한 과학이라는 인간만의 잣대를 가지고 창조주의 창조섭리를 헤아리고 인간의 특성과 존재이유를 설명코자 하는 사람들도 있다.

창조주의 창조섭리를 인간들의 머릿속에서 발전한 과학이라는 잣대로 설명하고 규정하고 파헤칠 수 있고 헤아리고 분별할 수 있다고 생각하는 사람들이 있다.
그리고 이들은 인간의 시각과 인간의 능력으로 설명할 수 없고 알 수 없고 보이지 않는 것을 '없는 것'이라고 단정하며 모르는 것을 우연으로 치부하는 지극히 과학적이지 않은 설명과 논리를 과학이라는 이름으로 제시하기도 한다.

과학이냐 비 과학이냐를 논하고자 하는 것이 아니라 깊이 생각하고 통찰해 보고자 하는 것은, 내가 이 세상에 존재하는 이유는 알 수도 없고 설명할 수도 없고 규명하여 밝혀낼 능력은 없으나, 내가 현재 이 세상에 존재하고 있고 오늘 살아가고 있다는 사실은 분명하며, 내가 어디서 와서 어디로 가는 존재인지는 모를지라도 어디론가 마땅히 가야 할 바른 곳을 찾아갈 것인지 아니면 그냥 표류하는 인생일 것인지를 선택하고 결단하지 않을 수 없는 갈림길에 놓여 있다는 사실은 그 누구도 부인할 수 없다는 것이다.

한 번 주신 삶의 기회를 몸과 마음과 정성을 다하여 잘 가꾸고 일구어서 이 같은 귀한 삶의 기회를 주신 그분을 찬양하는, 하나님을 기쁘시게 할 수 있는 가치 있는 삶을 일굴 수 있느냐에 초점을 맞추고 사는 사람일 것이냐, 아니면 이러한 감사하지 않을 수 없는 하나님의 인간에 대한 선하신 계획을 깨닫지 못하고 본래의 존귀한 신분을 스스로 포기하는 것을 선택하고, 멸망하는 짐승의 길을 고집하고, 소멸로 귀결될 수밖에 없는 자연의 흐름 가운데 그냥 있을 뿐인 한 부유물(浮遊物)로 스스로를 인식하고, 그런 류(類)로 생존에 급급하다 아무런 가치도 보람도 만족과 감사도, "나의 삶을 본받아라!"라는 후손에게 남길 말도 찾지 못한 채 흙으로 돌아갈 것이냐는 전적으로 자기 자신의 선택과 결단에 달려있는 것이다.

무엇을 말하고 싶은 것인가 하면 자신의 삶이 나아갈 방향을 올바로 정하여 자신의 삶이 다 하는 그날까지 진실되고 성실하게 그 길을, 그 목적지를 향한 그 길을 밟아 나아가고, 그 본향의 항구에 닻을 내릴 때까지 흔들리지 않고 항해하며 나아가는, 가치 있는 삶, 행복한 삶, 기쁨과 보람에 넘치는 삶, 이웃을 행복하게 하고 세상을 아름답게 하고 하나님을 기쁘시게 할 수 있으므로, 죽음의 어두운 세력에 지배받아 죽고 하나님으로부터 멀리 떠난 영혼들의 생명을 회복시키는데 썩어지는 밀알의 역할을 감당하는 아름답고 성공적인 새로운 삶으로 살 것을 결단하여야 한다는 것이다.

이 같은 거창(巨創)하고 숭고하고 원대한 꿈을 이루기 위하여 "그렇다면 나는 지금 무엇을 하고 사는 사람이어야 하는가?"의 문제가 대두된다.

무엇을 하는 사람이어야 하는가? 나는 무엇을 하고 있는 사람인가? 나는 누구인가? 즉, 자신의 정체에 대한 확고한 정립과 인식이 필요한 것이다. 이것을 정체성이라 할 수도 달리는 사명의식과 소명의식이라 말할 수도 있을 것이다.

92세를 일기로 두 달 전 천국에 불리어 올라가신 어머님의 말씀이 생각난다. "나는 전도자(前導者)의 사명(使命)을 받았거든, 내가 어디 있느냐가 중요한 것이 아니라, 내가 있는 그곳에서 어떻게 맡겨 주신 사명을 잘 감당하며 사느냐가 중요한 것이란다. 내 사랑하는 막둥아! 이 엄마는 내 아들 광설이도 엄마처럼 하나님이 주신 사명을 성실히 감당할 수 있는 축복받은 인생이길 바란다. 또 그렇게 인도해 주실 것을 믿고 매일 새벽 네 이름을 부르며 기도하고 있단다!"라고 하시던 말씀이 생각난다.

80여 명의 노인들이 계시는 양로원 같은 노인병원에서 돌아가시는 바로 그날, 그 마지막 드린 예배의 순간까지 이웃을 섬기고 하나님의 사랑을 나누시다가 마지막 순간에 예배 후 남들이 기피하는 헌금을 계수하시다 돌아가신 전도자의 사명을 기쁨으로 감사하는 마음으로 감당하시던 어머님의 삶이 나에게 묻고 계심을 느낀다.
"너는 무엇하는 사람이지?", "네 사명은 무엇인데?", "그러니까 너의 정체성은 무엇이라고 너는 너에 대해 말할 수 있겠니?", "아주 쉽게 말해서 너 뭣 하는 사람이니?"라고 묻고 계시는 것이 마음으로 깨달아진다.

임상에서 만나는 이런 저런 어려움과 갈등을 겪는 사람들의 공통점을 생각해 보면 많은 경우가 무엇인가에 대한 누군가에 대한 기대가 어긋났을 때 경험하는 아픔이라 말할 수 있다. 그것이 상대에게서 느끼는 것일 수도 있고, 세상으로부터일 수도 있고, 또는 자기 자신에 대한 기대가 충족되지 못하고 무너짐을 경험할 때 만나는 갈등과 괴로움일 수도 있다.

특히 인간관계에서의 갈등은 자신이 상대의 기대에 어떻게 하면

보다 정확하고 충실하게 그리고 효율적으로 부응할 수 있을까를 생각하며 노력하기보다는 "왜 저 사람은 나에게 잘 해준다고, 날 행복하게 해준다고 그렇게 큰소리치고 떠벌리더니 고작 요런 정도밖에 못해주는 것일까?" 하고 상대가 자신의 기대를 충족시켜 자신의 행복을 책임져주길 원하고 기다리고 요청하고 늦다고 투정하고 칭얼대고 화내는 문제들이 거의 모든 환자들의 심리적 정신적 갈등의 기저에 깔려 있는 문제의 핵심이라는 생각을 하게 된다.

그리고 정신건강 의학과 전문의로서의 나의 할 일은 이와 같이 스스로를 불만과 불평과 불행의 장으로 열심히 모셔다가 좌정시키고 있는 수많은 '행복 요청이'들에게, 자신들이 느끼는 불만과 불평과 불행의 원인은 상대가 그의 기대에 충분히 부응하지 못해서라기보다, 그 자신의 왜곡된 마음, 있는 것보다는 없는 것을 더 잘 보고, 있어지는 변화보다는 아직 미처 일어나지 못한 것이나 없어지는 변화를 보는데 익숙하고, 문제에 다가가고 문제에 부딪쳐 해결책을 모색하고 최선이 아니면 차선이라도 감사한 마음으로 수용할 수 있는 적극적이고 능동적인 삶의 자세가 아니라 자신의 삶과 행복을 그 누군가가 책임져줘야 한다고 생각하며 정작 스스로는 자신의 삶의 변화를 일구어내는 데 미온적이고 게으르고 수동적인 데에 전적으로 기인한다는 사실을 일깨우고 가르치고 자극하고 설명 설득해서, 즉, 듣는 그 누군가가 가장 효과적으로 나의 도움과 조언을 이해하고 수용하고 결단하여 그들의 심성에 바람직한 방향으로의 변화가 일어나고, 왜곡된 비합리적 사고방식이 합리적이고 선하고, 상대를 대접받고자 하는 대로 대접할 수 있는 심성으로 바뀌고, 이웃을 내 몸 같이 사랑하는, '주는 사랑'의 기쁨과 만족과 행복을 깨달아 이 세상에 살아있을 수 있음을 감사하고 더 열심히 잘 살려고 노력하고 행복을 느끼는 가운데 자신과 함께 하는 모든 이들에게 행복의 빛과 향기를 풍기는 존귀한 자의 삶으로 바뀔 수 있도록 도와주는 '행복 도우미'가 되고자 하는 것이다.

한 번 사는 것이 인생이고 그것도 한 번에 하루씩 산다고 누군가는 말하지만 하루도 너무 길게 잡은 것이다.
사람은 한 번에 이 한 순간만을, 그것도 그분이 살려주심을 전제로 했을 때나 겨우 살아있을 수 있는 존재이다.

인간은 그러니까 찰나(刹那, 칠십 오 분의 일초) 동안만 겨우 존재할 수밖에 없는 존재이다. 지금 이 순간의 찰나 이전은 이미 지나가서 지금은 없고 따라서 지금 없는 그것에 내가 영향 줄 수 있는 것은 아무 것도 없을 수밖에 없고 지금 이 순간이란 찰나 이후의 생은 내 뜻과는 전혀 상관없이 오직 엘 샤다이(El Shaddai) 전능하신 창조주 여호와 하나님의 계획 가운데에만 있는 것일지니 인간에게 주어진 삶은 지금의 이 살아 있는 찰나의 시간뿐인 것이다.

이 나의 모든 삶의 기회를, 짧고도 짧은 이 귀한 기회를 누굴 원망하고, 자신이 행할 생각은 없이 누군가에게 대신 행복을 가져다 달라고 요청하고 기다리며 늦게 온다고 투덜대고 불평하며 허비하는 자가 되어선 안 될 것이다.
이 찰나를 영원처럼 받아들이며 이 순간에 내가 할 수 있는 모든 것을 동원하여 나와 함께 하는 모든 이들이, 나와 만나는 삼라만상이 아름답게 변화하고 행복에 충만해질 수 있게 하는데 선한 영향력을 발휘하는 '행복 도우미'의 삶이 되어야 할 것이다.

남을 행복할 수 있게 도움으로 내가 참다운 행복을 경험하고 맛볼 수 있음이니 '행복 도우미'의 삶은 너도 나도 모든 세상을 아울러 행복의 나라로 함께 여행하는 능력의 삶인 것이다.

'행복 요청이'에 머물러 불평불만 불행을 곱씹으며 "어머니 왜 날 낳으셨나요?"를 부르짖고 "신은 죽었다!"라고 절규하며 불안에 사로잡혀 스올로 스스로 미끄러져 들어가는 자가 아니라, '행복 도우미'로서 사랑을 함께 나누고 살아 있음을 감사하며 살아서 행복을 누리는 감사와 영원한 생명이 보장된 참된 행복의 나라 본향에 대한 소망으로 서로 마음으로 함께하는 '행복 도우미'의 삶이 나의 삶의 모습이고 정체성이고 소망이고 그리고 나의 사명이자 소명일 것을 받아들이고 결단한다.

이제 나도 그리 머지않아 아마도 단언컨대 불과 백년이 다 되지 못하여 틀림없이 본향에 이를 터인데, 그때 아버님 어머님 뵈옵고 "아버님! 어머님! 고맙고도 훌륭하신, 존경받고 본받아 마땅한 부모님 덕분에 바른 가르침으로 양육 받고 부모님의 바른 삶의 모습을 본받아 배워서, 이 막둥이가 '행복 도우미'로서 행복하게 살다가 사명을 잘 감당하고 출장 마치고 이제 돌아왔습니다!"라고 인사 여쭐 것을 생각하니 너무나도 감사하고 행복한 마음을 가눌 길 없다.

나는 주신 사명 잘 감당하며 '행복 요청이'들을 '행복 도우미'로 개조시키는데 삶을 다 바쳐 노력하는, 칭찬받을 수 있는 '행복 도우미'로서의 삶을 이후로도 더욱 성실히 일구어갈 것을 다시 한 번 결단하며 천명하는 바이다.

행복(幸福)도우미

2013년 2월 15일 1판 1쇄 인쇄
2013년 2월 20일 1판 1쇄 발행
저 자 정 광 설
발행자 심 혁 창
발행처 **도서출판 한글**
서울특별시 서대문구 북아현동 221-7
서울서대문구북아현동221-11(영업부)
☎ 02) 363-0301 / FAX 02) 362-8635
E-mail : simsazang@hanmail.net
등록 1980. 2. 20 제312-1980-000009

△ 파본은 교환해 드립니다
GOD BLESS YOU

정가 10,000원

*

ISBN 97889-7073-367-8-33230